CHANGE

肌肉训练完全图解

[日]荒川裕志 著
[日]石井直方 审定
胡静 译

YOUR BODY!

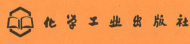

·北京·

了解！全身主

胸锁乳突肌
具有左右转动颈部、平躺时抬起头部的作用。

肱桡肌
与前臂手掌内侧相连的肌肉。具有手肘弯曲作用的单关节肌肉。

前锯肌
腋下突起的肌肉。具有前伸（外展）、向上转动（上方回旋）肩胛骨的作用。

胸大肌
主要具有肩关节水平内收（手臂前摆）、内旋作用。

股斜肌（腹外斜肌）
腹部侧面的体表肌肉。主要具有使背部侧屈（躯干侧屈）以及反方向扭转（躯干回旋）的作用。

腹直肌
通常所说的6块腹肌。具有躯干弯曲（弓背）作用。

腹斜肌（腹内斜肌）
腹部侧面的深层肌肉。主要具有使背部横向弯曲（躯干侧屈）以及同向方向扭转（躯干回旋）的作用。

内转肌
由大收肌、长收肌、短收肌、耻骨肌构成的肌肉群。主要作用是使双腿并拢（股关节内收），也作用于腿部的伸展和弯曲。

胯腰肌（深层）
胯肌和腰大肌的总称。胯肌起自骨盆、腰大肌起自腰椎，两肌肉延伸至脚后跟。主要作用于腿部的前捏（股关节弯曲）。

股四头肌（股肌群）
股四头肌位于大腿前部。其中的股内侧肌、股中间肌（深层）、股外侧肌3块肌肉统称为股肌群。是控制膝关节伸展的单关节肌肉。

股四头肌（股直肌）
股四头肌不仅可以控制膝关节的伸展，同时还可以控制股关节屈曲（向前摆腿），是双关节肌的一部分。

胫骨前肌
位于小腿前面的肌肉。具有向上提起脚尖的作用（足关节背屈）。

比目鱼肌
位于腓肠肌深层的平坦肌肉，具有伸展脚腕（足关节内屈）的作用。

要 肌 肉

三角肌
位于两侧肩膀上的大肌肉。肌肉侧面具有提臂（肩关节外展）作用，前部具有向前摆动（肩关节屈曲、水平屈曲），后部具有向后摆动（肩关节伸展、水平伸展）的作用。

斜方肌
位于后背上部的肌肉。在人体正面可见其上部。具有收拢肩胛骨（内收）、抬高肩胛骨（上举）以及向上转动肩胛骨（上方回旋）的作用。

肱二头肌
位于上臂前侧突起的肌肉。不仅用于肘部弯曲，还促使小臂向外伸展（后放）、向内弯曲（肩关节弯曲）的双关节肌。

肱三头肌
位于上臂后部的肌肉。由3个肌头构成。具有肘关节伸展作用，同时也具有固定肩关节的作用。

竖脊肌
位于脊柱的两侧，是具有背部后弯（躯干伸展）作用的肌肉群的总称。由髂肋肌（外侧）、最长肌（内侧）、多裂肌（深层）等组成。

背阔肌
位于背部两侧的平坦肌肉。主要具有向下、向后牵拉手臂（肩关节内收、伸展、水平伸展）的作用。

臀大肌
位于臀部的大肌肉。主要具有向后摆腿（股关节伸展）、向外扭转（外旋）的作用。

腿后腱
半膜肌、半腱肌（内侧）与股二头肌（外侧）的总称。大多被认为是控制膝关节屈曲的肌肉，其实它也是具有股关节伸展（向后摆腿）作用的双关节肌。

腓肠肌
位于腿肚上方、比目鱼肌表面的肌肉。具有脚踝伸展（足关节底屈）的作用，同时也是具有屈膝作用的双关节肌。

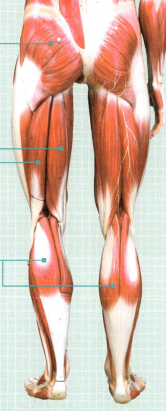

前言

肌肉训练是一种能够提升人体体育竞技能力、保持身体健康，并且对减肥也非常有效的、经过多方人士验证的运动法。为了让你能够看到高效的肌肉训练成果，本书对"基本要点"与"更加有效的应用技巧"等做了全面的彻底解说，是一本真真正正的训练指导书。

肌肉训练虽然有效，但如果方法不得当，是无法获得原本应有的效果的。为了达到肌肉训练的显著效果，我们必须正确制作项目训练计划表，并且以正确的方式进行训练。本书将肌肉训练项目按部位分为在家训练篇、健身房器械篇和健身房自由力量篇，将必须了解的基础知识和要点进行了详细而理论性的总结。书中介绍的项目，包括变相训练的项目在内共有130余种，项目数量多、网络性强是本书显著特色之一。

另外，肌肉训练中存在很多应用技巧，它们可以使你的肌肉训练更为有效。本书中的很多技巧都没有在其他教材或网络上出现过。其中还有很多是连健身教练也没有掌握的诀窍。这些诀窍是需要经过长年训练，通过经验才能总结出来的。但如果我们通过本书事先了解它们，就会在训练中获得更好的效果。本书对各项目的"高效技巧"进行了系统的说明，这也是本书与其他同类书籍的最大区别。

本书是可以代替私人教练的"肌肉训练宝典"。很荣幸能为大家进行有效而有意义的肌肉训练做出贡献。

石井直方

CONTENTS

目录

全身主要肌肉

前言

序章 肌肉训练达到的效果 /1

什么是肌肉训练	2
肌肉训练的好处	4
肌肥大的作用	8
如何在短时间内取得肌肉训练的效果	10
肌肉训练与有氧运动	11

专栏 超量补偿与训练过度 12

第1章 基本训练方法 /13

训练项目的制定方法	14
❶ 选择训练项目	15
❷ 设定训练强度、训练量与休息时间	16
❸ 各训练项目的组合与训练频率	18
在家训练还是去健身房	20
肌肉训练时的要点 基础篇	22
肌肉训练时的要点 应用篇	26

第2~4章的阅读方法 30

第2章 在家就能进行的训练 /31

胸部	推举	32
腹部	膝关节拉伸	34
	仰卧起坐	36
	侧卧起坐	38
大腿前部·臀部·大腿内侧	深蹲（自重）	40
臀部·大腿前部	弓步	42
臀部·下背部·大腿后部	提举（弹力绳）	44
臀部	后踢	46
臀部·下背部·大腿后部	背部伸展（椅子）	47
大腿内侧	内收（弹力绳）	48

臀部	外展（弹力绳）	49
腿肚	提踵（自重）	50
上背部	下拉（弹力绳）	52
	划船动作（弹力绳）	54
肩部	侧平举（弹力绳）	56
手臂	手臂弯举（弹力绳）	58
	法式拉举（弹力绳）	59
肩上部	耸肩（弹力绳）	60
脖子	颈部伸展	61

专栏　需要牢记的训练法　62

第3章 健身房中进行的训练（器械篇）/63

胸部	器械推胸	64
	器械扩胸	66
	滑轮夹胸	68
腹部	腹部弯举	70
大腿前部·臀部·大腿内侧	器械深蹲（45度）	72
大腿前部	腿部伸展	74
大腿后部	腿部弯举	76
大腿内侧	内收	78
臀部	外展	79
臀部·下背部·大腿后部	背部伸展	80
腿肚	提踵	82
上背部	常规下拉	84
	坐姿划船	86
肩部	肩膀推举	88
	滑轮侧平举	90
手臂	手臂弯举	92
	下压（滑轮）	93

专栏　好用的训练诀窍　94

第4章 健身房中进行的训练（自由力量篇）/ 95

部位	动作	页码
胸部	杠铃卧推	96
	变相卧推	98
肩部·胸部	撑体	100
胸部	哑铃仰卧飞鸟	102
手臂·上背部·胸部	哑铃拉举	103
腹深部·腹部	斜卧起坐	104
腹部	仰卧提腿	106
	侧屈	108
大腿内侧·下背部·臀部·大腿前部	杠铃深蹲	110
大腿后部·大腿内侧·下背部·臀部·大腿前部	变相深蹲	112
大腿前部·臀部	弓步	114
大腿后部·下背部·臀部	杠铃提举	116
	变相提举	118
	背部伸展	120
上背部	俯身划船	122
	变相划船	124
	引体向上	126
肩部	后推举	128
肩上部	耸肩	130
肩部	侧平举	131
	变相提举	132
手臂	杠铃弯举	134
	肘屈曲肌训练的变化项目	136
	卧式三头肌伸展	138
	法式拉举	140
前臂	反握杠铃弯举	142
	握式弯举	143
颈部	前架桥·后架桥	144

专栏　史密斯机的优缺点　146

第5章 饮食与营养补充 / 147

- 支持人体的五大营养素　148
- 打造能够摄取充足蛋白质的理想身体　150
- 利用脂质与碳水化合物控制身体脂肪　152
- 调节胰岛素的分泌　154
- 灵活补充营养　156
- 一些有利于减肥的营养补给诀窍　158

专栏　味觉与热量的关系　160

第6章 分级进行的肌肉训练计划 / 161

按目的和环境分类进行的肌肉训练计划　162

- 自家篇 减肥训练计划　163
- 自家篇 提升肌肉力量的训练计划　164
- 健身房篇（器械）减肥训练计划　166
- 健身房篇（器械）提升肌肉力量的训练计划　167
- 健身房篇 提升肌肉力量的训练计划·初级学员适用　168
- 健身房篇 塑造上半身的身体塑形计划　169
- 健身房篇 提升肌肉力量的训练计划·中高级学员适用　170
- 健身房篇 塑造上半身的身体塑形计划　171

专栏　在你的训练中加入单脚训练项目吧　172

第7章 肌肉训练Q&A / 173

- 核心肌肉在哪里　174
- 什么是核心训练　175
- 平衡训练有什么效果　176
- 深层肌肉在哪里　177
- 拉伸训练的效果是什么　178
- 怎样做好热身运动与整理运动　179
- 你想添置什么辅助训练用具　180

后记

序章

肌肉训练达到的效果

进行肌肉训练，首先要了解肌肉训练的基础知识。了解肌肉训练的效果以及优点是通往"有效的肌肉训练"的第一步。

本章所有照片均来自iStockphoto.com

什么是肌肉训练

肌肉训练的定义与目的

简单地为肌肉训练下个定义就是"通过施加负重对肌肉进行锻炼,使其变得健壮。与此同时,以提高肌肉输出力(肌力)为目的所进行的训练"。

肌肉训练中有很多方法都可以对肌肉施加负重。除了平时常用的杠铃、哑铃,还有使用自身体重(自重)、弹力绳、器械等训练方法。现在,肌肉训练正与慢跑、步行等有氧运动、拉伸运动一起被大众接受和推崇,可以说是最受现代人欢迎的一种训练方法。

肌肉的质量好坏没有性别差和年龄差

通过肌肉训练能够获得的主要效果就是"使肌肉变得健壮(肌肥大),以及提升肌肉输出力(提升肌力)"。这两个效果密切相关,并且能够产生联动效果。

提升肌肉输出力要以肌肉健壮为基础,因此,这两个效果不可能单独出现。肌力与肌肉的健壮度(截面积)成正比。

除去肌纤维自身的种类差别,肌肉并没有性别与年龄的差异。任何人的肌肉都是由同样的分子构造组成,并没有质量好坏的区别。肌肉能够发挥多大力量,取决于肌肉纤维的肥厚度。基本上不会出现"肌肉很大,但是没有力气",或者"手臂细瘦,但是肌肉的肥大度很大"等情况。女性与老年人肌力较差的根本原因是肌肉瘦弱。

原则上
肌肉大小决定肌力大小

肌肉的强度与运动速度是人的动力引擎。这种能力的强弱原则上是由肌肉的大小决定的。

因此，如果人们进行肌肉训练的动机与目的是提升肌力，那么在实际训练中就要以实现肌肥大为目标。通过肌肉训练获得肌肥大与提高肌力两个效果。一般我们会将它们看作是一个整体。

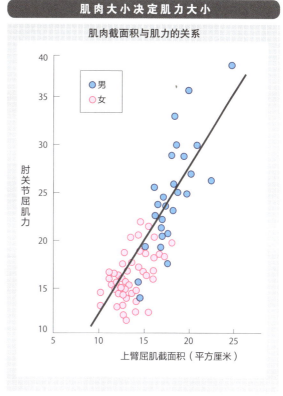

原则上，肌力与肌肉大小（截面积）成正比

肌肉训练能够促进肌肥大，同时提升肌力

肌肉训练的好处

肌肉训练可以获得的效果

　　肌肉训练能够获得的主要效果就是肌肥大与提升肌力。人们普遍认为这两种效果会给我们带来很多方面的好处。它们除了能够提升运动能力和速度，还能塑造形体和保持健康等很多优点。同时，肌肉训练还是非常高效的训练方法，与其他运动相比，它能在短时间内获得很大的效果。

> ▶肌肉训练的好处
> ①提高运动能力与速度
> ②塑造不易吃胖的形体
> ③让身体回归健康
> ④获得健美的身材

肌肉量的增加与速度的提升有关，短跑选手健硕的身体就是最好的证明

肌肉训练的好处①

提高运动能力与速度

通过肌肥大使肌力提高后，运动时的肌肉输出力也会随之提高，这也会使竞技能力获得提高。肌肉作为身体的动力源，原则上其能力的强弱由肌肉大小决定。因此，从生理学上讲，我们很难让瘦弱的肌肉输出更大的力量。虽然也有肌肉大小不变，肌肉输出力得到提高的特殊情况，但这种情况并不会使肌肉输出力得到急剧提高。要使肌力或竞技能力得到飞跃性地提高，必须使肌肉增大才行。

另外，由于肌肥大而使肌力获得提高后，运动能力也会得到提高。一般人们认为肌肉增多会造成运动速度变慢，但这并非事实。由于肌力得到提高，此前感觉沉重的负重会随之变轻，在相同的负重下，动作可能会比以前更加敏捷。强大的肌力是提高速度的基础。

另外，提高肌力所必需的肌肉量的增加在体重中的占比并不大，如果不增加脂肪，只是让全身肌肉得以均衡增加，基本上不会减慢速度。这一点已经通过田径场上短跑选手的健硕身体得到了很好的证明。

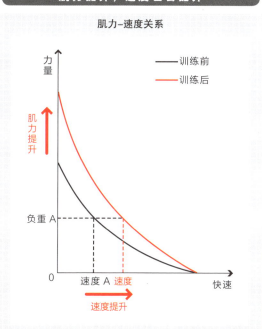

肌力提升，速度也会提升

肌力-速度关系

在同等负荷（重量）下，如果肌力获得提升，那么它就能更快地带动这一负荷。比如，一个在杠铃卧推中最大强度为50千克的人是没办法迅速举起50千克的杠铃的，但是对于一个最大强度为100千克的人来说，他就能很快举起这个杠铃。

※肌力与速度的关系也可以通过产生速度的必要"加速度"与力量成比例的物理法则(运动方程式)进行说明。

※棒球手投球时，手指、脚尖都会运动。这时如果只有前臂、上臂等末端部分的肌肉变得极端肥大，那么它就会重得像秤砣一样，从而降低速度。但极端肌肥大是极其困难的，终究只是稀少的例子。

通过肌肉训练增加肌肉与普通的瘦身是不同的，它能让你获得凸凹有致的身材

肌肉训练的好处②

塑造不易吃胖的身体

通过肌肉训练，可以使肌肉获得锻炼，从而轻松减少脂肪，塑造出难以发胖的形体。也就是说，肌肉锻炼并不只会使肌肉变得结实，同时它也是减肥的一种有效手段。

在日常生活中，人们即使不做特别的运动也会自然而然地消耗能量。我们把这种能量的消耗称为"基础代谢"，基本上成年男子消耗的能量多于1500千卡，而成年女子消耗的能量则少于1200千卡。如果一个人的日常运动量比较均衡，那么他的基础代谢量就会相当于全部消耗能量的60%，大量的能量就在不知不觉中被消耗掉了。

我们可以通过肌肉训练增加基础代谢。

通过对全身肌肉训练3个月的人进行研究发现，他们的基础代谢量最后都增加了100千卡左右。100千卡相当于步行40分钟的运动量。肌肉训练不仅能够消耗能量，还能让我们的基础代谢每天都能消耗掉更多多余的能量。因此，可以充分说明利用肌肉训练进行减脂好处很多。

在这一实验中，最后增加的100千卡代谢量不仅是因为人体肌肉量的增加获得的，还和人体脂肪率下降，每千克体重的基础代谢率提升有关。也就是说，肌肉训练取得的肌肉量增加与代谢率提升的两种效果都与增加基础代谢量有关。

肌肉训练的好处③

让身体回归健康

　　肌肉训练还可以矫正姿势、改善腰痛和颈肩僵硬等症状。另外，肌肉训练还能改善人体的糖代谢能力，因此也能有效预防糖尿病。肌肉训练能为我们的健康带来很多好处。

　　如果我们能够持续进行肌肉训练，我们的身体就会重获活力、重返年轻。肌肉训练能够促进生长激素、睾丸激素等多种激素的分泌。这些激素能够使身体重返年轻，而且它们还具有增加肌肉量、分解脂肪、促进细胞成长、提升免疫力，进而提高精神活力、提升精力的作用。

肌肉训练的好处④

获得健美的身材

　　进行肌肉训练也是获得健美身材的捷径。除了打造极端健硕的体格，在塑造优美身材时，必不可少的就是进行适度、均衡的肌肉训练。不论男女，只要你想拥有模特般的身材，你就要进行肌肉训练。

　　不进行肌肉训练，只靠减脂无法打造优美的形体。我们通常认为改善体态=减肥，然而单纯的变瘦是不可能获得健美的身材的。

　　有氧运动对于减肥来说很有效，但是它并没有什么增加肌肉的效果。只有肌肉训练才是塑造完美身材的基础，也是最直接、最有效的方法。

　　很多好莱坞明星、足球运动员的体态都很优美，最大的原因就是他们通过肌肉训练使肌肉变得更加紧实，身材更加有型。

肌肉训练不仅能够使肌肉粗壮，还是能够减少脂肪的有效手段

肌肥大的作用

肌肉会在适应压力后变得粗壮

人体具有适应能力。面对压力时,人体会承受并逐渐适应这一压力。人体的骨骼会在反复承受压力的冲击后变得更加坚硬,心肺功能也会在持续承压下得以提升。

同理,在反复承受巨大的压力(负重)时,人体的肌肉会逐渐适应这一压力并变得发达起来。由于肌肉的增厚,与肌肉截面积成正比的肌力也会得以提升,因而肌肉就会逐渐适应巨大的负重。

这就是肌肥大的基本原理。

肌肉训练会对肌肉发出增厚信号

肌肉训练是通过对肌肉施加压力,让肌肉感到有必要增厚,进而促进肌肥大、适应压力的手段。其中能够促进肌肥大的压力包括几个因素。在实际进行肌肉训练时,这些因素错综复杂地联系在一起,最终对肌肥大产生影响。

促进肌肥大的压力因素

❶ 肌张力的发挥

在肌肉发挥巨大的张力(肌力)时,这种力就会成为压力,并发出要求肌肉增厚的信号。相反,在没有对肌肉施加压力的环境下,人体的肌肉就会萎缩。这就是生活在无重力空间中的航天员的肌肉会明显萎缩的原因。强大的负重会成为肌肥大的主要因素,主要是因为它能够调动快肌纤维。肌纤维分为具有瞬间爆发力的快肌纤维与拥有持久力的慢肌纤维。快肌纤维容易增厚,因此如何刺激快肌纤维是促进肌肥大的关键。

进行肌肉训练的环境会影响肌肥大的效果

在人体构造上，人只有在用力时才会依次调动慢肌纤维和快肌纤维，因此为了能够刺激快肌纤维，我们必须对肌肉施加巨大的负重。

❷ 肌纤维的细微损伤

　　肌肉在强大的负重下会出现肌肉收缩。这样就会使肌肉产生细微的损伤。这种损伤也会成为促进肌肥大的信号。在经历损伤引发的免疫反应后，就会促进形成肌纤维的卫星细胞增值。另外，肌损伤会引起肌肉疼痛。在出现肌肉疼痛时，我们可以认为这是受损后的肌肉正在促进肌肥大。

　　肌纤维的细微损伤以及肌肉疼痛都是在肌肉强行进行伸展（拉长收缩）时会出现的情况。当我们在肌肉训练中做出杠铃下落的动作时，就会出现这种收缩。通常大家都认为肌肉训练是提举杠铃的动作，而从利用肌损伤、促进肌肥大这一点上来说，反倒是"杠铃下落的动作"更为有效。人们对上下运动中的单方向动作进行了实验，结果表明，放下杠铃的动作对于促进肌肥大更为有效。

❸ 无氧代谢物的积累

　　在肌肉收缩产生厌氧能量的同时，乳酸、氢离子、一氧化氮等代谢物也会在人体内累积。这些代谢物能够促进生长激素、睾丸激素等诱发肌肥大的激素的分泌。在训练后，很多人都会感觉到肌肉出现暂时性的僵硬。这种僵硬就是因为代谢物的积累造成的。我们有时感觉肌肉会出现烧伤般的灼痛也是因为类似情况。

　　通过施加较轻负重、不使用反作用力进行的高效训练是一种强调让代谢环境变得十分苛刻的方法。此方法中出现的肌张力和肌损伤虽然小，但会随着代谢物的累积而出现强烈的肌肉僵硬。另外，短间歇训练法、逐渐减轻重量的递减金字塔法、慢速训练法、加压训练法等方法也都与此相同，它们同样也是通过让代谢环境变得严苛，从而促进肌肥大。

❹ 缺氧环境

　　通过训练使肌肉处于缺氧状态也是促进肌肥大的信号。大家热议的慢速训练法、加压训练法等方法虽然施加的负重很小，但却能够获得很好的肌肥大效果。这也和肌肉处于缺氧状态有关。

　　肌肉在处于缺氧状态时，即使施加低强度的负重，也会首先调动快肌纤维。由于缺氧，主要在有氧环境下进行能量代谢的慢肌纤维会难以调动，于是身体就会迫不得已使用原本很难在低强度运动中被调动的快肌纤维。

　　另外，缺氧时，厌氧能量的供给会增加，因此无氧代谢物的积蓄量也会高于平时。由于在缺氧环境下进行的训练受到以上诸多因素的影响，它才能更好地促进肌肥大。

如何在短时间内取得肌肉训练的效果

最为有效的基础性肌肉训练

最近几年，我们经常能够在电视和杂志上看到号称可以让人轻松见到效果的肌肉训练器具的宣传。这是一种利用人们普遍认为肌肉训练"严苛""痛苦"而进行的宣传。

这样的器械并非没有效果，但如果想在短时间内获得良好的效果，那就没有比进行基础性肌肉训练更好的方法了。

了解训练项目的组合方法与正确的训练姿势

如果只是盲目地进行训练，那么即便肌肉训练再有效，也不会取得显著效果。为了能在最短时间内取得最好的效果，我们必须了解训练中的基本项目组合方法与正确的训练姿势。如果不掌握这些基本内容，那么不仅训练效果会减半，还有可能会受伤。

另外，本书中加入了许多其他肌肉训练书中所没有的顺利进行肌肉训练的诀窍与小技巧。这些都是只有经过长年的肌肉训练才能通过自身经验总结而出的。但笔者希望大家能在开始训练前掌握这些诀窍，这样就能获得更好的肌肉训练效果。

利用正确的姿势进行的基础性肌肉训练是最有效的训练

肌肉训练与有氧运动

有氧运动的真实减肥效果

通常说到减肥，人们往往会想到慢跑、骑车等有氧运动。

有氧运动的减肥效果是由运动自身直接消耗的能量决定的。不过，很遗憾的是，它的能量消耗量与我们所付出的体力相比少得可怜。30分钟的慢跑消耗的能量大约是200千卡。因此，如果想要看到显著的运动效果，必须进行大量运动。

掌握肌肉训练与有氧运动的不同特点

有氧运动是否能如肌肉训练般拥有加强基础代谢的作用，这一点尚不明确。其实有氧运动带来的减肥效果并不明显。

但有氧运动能够提升心肺动能、预防生活习惯病，因此对健康十分有益。我们最好能够掌握有氧运动与肌肉训练各自的不同特点，并制作一份全面、均衡的训练计划表。

慢跑是有氧运动的代表，希望大家能在掌握了它自身的优点后再进行运动

专栏

超量补偿与训练过度

使肌肥大模式化的"超量补偿原理"

"超量补偿原理"使展现训练效果的过程成为一种模式。

在训练中,肌肉的机能水平会暂时性降低,然后随时间开始恢复。经过一段时间后,其机能水平会稍高于从前(超量补偿)。如果能够找准这一时机不断进行训练,那么训练效果就会不断提高。

相对于超量补偿,还有一个概念叫作"过度训练"。这是指在肌肉还没完全恢复的阶段持续进行训练,从而导致其机能水平的不断下降。通常所说的"训练最好间隔1~2日"就是证明超量补偿需要48~72小时才会出现的一个依据。

但这只不过是一个概念,并不是实际得出的测定结果。事实上,人体并不简单。

不出现肌损伤,肌肉也能发达起来

如果利用超量补偿原理进行思考,那么肌肉的机能下降(肌损伤以及超量补偿)都会成为肌肉增厚、发达的必要条件。实际上,有种倾向认为,肌损伤是促使肌肥大不可或缺的条件。但是这种想法并不正确。

我们在序章中也已经提到,肌损伤不过是促进肌肥大的主要原因之一,并非必要条件。引起肌肥大的主要原因还有代谢物的累积、激素的分泌等,因此就算没有出现肌损伤,也能产生肌肥大。

比如,当我们游泳、骑自行车时,肌肉基本不会出现拉长收缩。这时一般不会出现肌损伤。但从事这一运动的顶级选手依然拥有傲人的发达肌肉。这也可以说明,肌损伤的出现并不一定是产生肌肥大的必要条件。

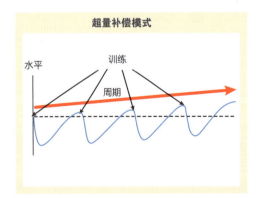
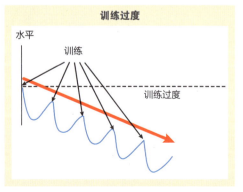

第 **1** 章

基本训练方法

本章为你介绍在开始进行肌肉锻炼前一定要掌握的动作要点。
运用正确的肌肉锻炼方法才能取得最好的效果。

训练项目的制定方法

制定训练项目的3个要点

想要通过肌肉锻炼取得最好效果,其捷径就是选择正确的基础训练项目。很多人就是因为采用了无效的训练方法,最终才导致无法取得理想的训练效果。如果你想获得肌肉训练这一有益的运动方法所带来的肌肉锻炼效果,那就必须牢牢掌握基础要点。尤其要牢记"训练项目的组合方法"与"正确的训练姿势"这两个要点。

首先,在训练项目的组合方法上要注意以下3点。

> **训练项目的组合方法**
> ❶ 选择训练项目
> ❷ 设定训练强度、训练量与休息时间
> ❸ 各训练项目的组合与训练频率

健身房中设有可锻炼全身各个部位的器械,因此选择器械的基准尤为重要

❶ 选择训练项目
——选择肌肉训练项目时的基准——

1 优先选择训练躯干周围大肌群的项目

占全身体积较大的肌肉被称为"大肌群"。大腿、臀部、背部、腹部以及肩膀(三角肌、胸大肌、斜方肌)周围等处都分布有大肌群。除大腿部的大肌群外,其他大肌群都分布在躯干周围。在选择肌肉训练项目时,原则上要优先选择锻炼大肌群的项目。

大肌群在我们进行运动时以及在日常生活中都发挥着重要作用。大肌群能够产生力学上的能量,即使我们真正活动的是手指或脚趾,很多时候它们的能量发生源仍然还是躯干周围的大肌群,这是十分常见的例子。

而且当我们对体积较大的大肌群进行锻炼后,全身的总肌肉量就会增加,我们的基础代谢量也会因此而增加。如果我们在减肥的同时也能对大肌群进行锻炼,那将会获得更好的减肥效果。

2 选择可活动多个关节的训练项目

只能活动一个关节的训练项目称为单关节训练项目(例如:腿部伸展❶→P74)。而能够同时活动两个以上关节的称为多关节训练项目(例如:杠铃深蹲❶→P110)。对上面提及的大肌群进行锻炼时,优先选择多关节训练项目会更加有效。

我们可以在能够同时锻炼大小肌群的复合型多关节训练项目中利用负重进行训练。当自身参与运动的肌肉量增加时,全身的新陈代谢能力以及激素分泌水平也会随之增强,从而更容易获得训练效果。

另外,由于多关节训练项目能同时锻炼小肌群,因此还可以减少肌肉训练所需的项目数量,从而缩短训练时间。

3 均衡选择全身训练项目

进行肌肉训练时,要挑选能让身体上下、前后各部分的肌肉都得到均衡锻炼的项目,这也是不变的法则之一。

失衡的肌肉锻炼无法改善我们在需要全身肌肉配合的体育运动中出现的问题,也无法改善我们在日常生活中出现的动作上的问题。"虽然通过卧推练出了发达的胸大肌,但是我的比赛成绩并没有得到提高。"我们经常会听到一些选手这样说。这是由于他没有对自己的躯干以及下半身进行同样的训练造成的。

---

❶ 在进行手臂弯举等小肌群的单关节训练项目时,每组训练的间歇时间可设定为1分钟。如果是其他的多关节训练项目,则可设定为2~3分钟。如果是进行深蹲等会令全身产生巨大疲劳感的训练项目,那么最好将间歇时间设定在3分多钟。

而且，如果全身肌力失衡，那么就会导致运动姿势的恶化，它也可能会成为导致肌肉拉伤等损伤出现的原因。另外，只有个别部位肌肉发达的身体绝对称不上健美的身材。因此，不论是为了提高身体的机能，还是为了拥有优美的体形，选择均衡的训练项目都是十分重要的。

❷ 设定训练强度、训练量与休息时间
——设定强度（负重）、训练量（重复次数、组数）、休息时间（每组训练间歇时间）——

1 负重　设定在重复进行8~10次训练后达到极限的重量

在肌肉训练上，能够影响其效果的是所设定的训练变量（强度、训练量、每组训练间歇时间）。如果变量的数值设定适宜，训练效果就会显著，反之则效果不理想。

根据众多研究报告得出的结论是，在将肌肉训练中所需的负重设定为重复进行8~10次训练后达到极限的重量时，肌肥大效果最佳。这一重量相当于个人可反复承受的最大重量的75%~80%，也就是75%~80%1RM（8~10RM）肌肉训练中基本都要将负重设定在这一水平。

即便你利用可进行30~50次肌肉训练的较轻负重进行训练，但那也只是徒增疲劳，因为那既没有多大效果，而且效率也不高。利用较大的负重进行次数较少的训练才能取得更好的效果。

但是，如果负重过大，从而使反复进行训练的次数变得极少时，肌肥大效果并

负重、RM与抗阻训练的主要效果
（根据Flock与Kraemer 1987进行变更）

负重强度（%1RM）	RM	主要效果
100	1	肌力
95	2	
93	3	
90	4	
87	5	肌肥大
85	6	
80	8	
77	9	
75	10~12	
70	12~15	
67	15~18	
65	18~20	肌肉持久力
60	20~25	
50	30以上	

"RM"指最大重复次数；"1RM"就是只能举起1次的最大重量；80%1RM是指只能举起1次重量的80%。
利用中~高重量的负重（8~10RM）进行训练取得的肌肥大效果最大。重量过轻或过重，其效果都会降低。

不会得到提升。因为过少的次数会造成训练中的运动量不足。

超大重量（4RM以下）的主要效果是提升肌力，但这要根据训练者自身的上举技术以及神经系统的适应程度而定，它并不能强行使肌力增大。如果想要利用肌肉训练大幅提升肌力，那就要设定在8~10次的极限重量，这是基础。

2 次数　基础是"达到极限"

训练次数就如前面所说，要利用能够在反复进行8~10次训练后达到极限的负重进行训练，这是基础。如果不能训练到让我们的肌肉达到极限状态，我们取得的效果就会小。

让每组训练都能达到极限是最能看到成效的。我们也可以调整自己的身体，使我们的身体在做最后一组训练时刚好达到极限。为了能够充分提升肌肉训练的效果，我们要始终坚持以某种形式强化身体到达极限。

在健身房里，我们总能看到决定好训练次数后，还没用尽全力就结束了肌肉训练的人。如果反复进行了10次训练后我们仍有余力，那么就证明我们设定的负重不合适。

在制定肌肉训练项目时，我们要重视的不是"次数"，而是"极限"。

3 组数　2~5组

比起只做1组肌肉训练，做多组肌肉训练更能提升肌肥大效果。

根据"Krieger 2010"所得的结论，进行2~3组训练与进行4~5组训练的肌肥大效果并没有明显的差异。但这只是以初级肌肉训练者为对象的试验结果，如果对象是已经积累了经验、习惯了肌肉训练刺激的中、高级训练者，那么进行4~5组训练将会获得更好的效果。

通过以上结论进行综合判断，制定标准的训练组数的基准应该是，如果是初学者，那么每种训练项目可以进行2~3组，适应后可以稍微增加组数（总体上最多4~5组），如果能够追加（1~2种，每种2~3组）从其他角度对同一部位肌肉进行刺激的变相训练项目，那将会更加有效。

4 间歇时间　每组间歇1~3分钟

从肌肥大效果的角度出发，进行肌肉训练时，每组训练的间隔时间设定为稍短的1~3分钟效果最好。因为能够促进肌肥大的代谢物会在短时间内大幅度提升。

但要注意的是，如果间歇时间过短，那么肌肉会来不及得到恢复，这样就会降低训练强度。

❸ 各训练项目的组合与训练频率
—— 确定训练项目的搭配、训练频率与分类（常规分类）——

1 安排训练项目、训练强度与训练次数

肌肉训练并不需要每天都做❶。每个部位每周做2~3次效果最好。每周做1次也有效果，但这样会降低效果提升的速度。

另外，即便每周做3次以上的训练，训练效果也不会再度提升。每周2~3次最为有效的主要原因是，肌肉在出现肌损伤后需要几天的时间进行恢复。不过，最佳训练频率是根据肌肉训练的内容而变化的。如果要针对一个部位的肌肉进行彻底的强化训练，或者要进行注重拉长收缩、加强肌损伤的训练，那么最好减少训练频率。（根据肌肉训练内容进行适当调整❷。）

2 通过常规分类法缩短单次肌肉训练的时间和减弱运动强度

如果打算利用肌肉训练塑造全身，那么就需要相当多的训练项目。即便我们只选用最基本的训练项目，那也必须有5~6个项目。如果想要全面塑身，那么至少也要不下10种的训练项目。

如果每种训练项目都要做3组，那么每次的肌肉训练就要耗费相当长的时间。而且在进行后半部分的项目时，运动强度有可能会因为身体的疲劳而减弱，从而导致训练质量降低。

此时最为有效的方法就是将训练部位分开的常规分类法。常规分类法就是将各部位

❶ 我们可以连续多日进行不同部位的肌肉训练。

❷ 进行塑身时，每个部位的肌肉每天可以通过多个项目进行10组左右的训练，这样就可以达到强化该部位肌肉的作用。很多选手也会将各部位的训练项目安排成每5~6天一循环的形式。

肌肉训练的频率也是制定训练项目时的要点

的训练项目分开，然后进行常规化管理的方法。比如，周一训练胸部，周二训练腿部等。将训练部位按此分类后，每次训练的时间和训练的强度都会降低，而且也可以连续多日进行练习了。尤其对于训练项目数越来越多的中高级训练者来说，这是非常有效的一种方法。

另外，这种方法在经常锻炼肌肉的同时，又让其他部位的肌肉都能得到休息，因此它也可以说是一种保持各部位训练频率的合理方法。

3 利用常规分类法增加同一部位的训练项目数和训练组数

另外，常规分类法还可以增加同一部位的训练项目数与训练组数。如果利用一天的时间进行全身肌肉锻炼，那么平均每个部位至少要进行一种项目的训练（3组）。这样就会没有时间进行从不同角度对同一部位进行锻炼的变相训练项目。

但是，使用常规分类法后，由于各部位分得了更多的时间，因此同一部位就可以进行2种或3种训练项目。而且我们还可以在大肌群的基础训练项目中，追加针对小肌群的训练项目。

灵活掌握常规分类法后，就能全面地对各个部位进行高强度的训练。

各部位的分类方法、训练周期的制定等因人而异。大家可以参考下面所写的要点，尝试制定出适合自己的分类法。

另外，如果你是初学者，那么你只要进行大肌群的基础训练项目（深蹲、卧推）就足够了，因此也可以在一次训练中对全身肌肉进行锻炼。

训练部位分类组合时的要点

- 重要的大肌群多关节项目要在体力充沛的前半段时间内进行
- 对各部位进行第二、第三种项目的训练时，要选择从不同角度刺激该部位的变相训练项目，或者为刺激不够的部位追加训练项目
- 为了让肌肉得以恢复，同一部位的训练项目要隔天进行

在家训练还是去健身房

结合自身目的与你的生活选择训练环境

进行肌肉训练时，不仅会选择训练项目、训练次数，还要面临很多选择。比如，是在家训练还是去健身房训练；如果在健身房训练，是使用器械进行训练，还是使用自重进行训练等。

这些选项各有优缺点，因此我们不能通过优劣对它们加以区分。希望大家能够结合自身进行肌肉训练的目的与自己的生活方式等综合思考，最终选择出适合自己的最佳环境。

在家进行肌肉训练的好处是省去了去健身房的时间。而且，在家训练不用像去健身房一样花费贵。另外，我们还可以通过自重或是弹力绳等轻松进行训练，因此，工作较忙的人可以先在家里开展一些训练项目。

但是，在家进行肌肉训练的缺点是难以对肌肉施加较大负重。如果一直对肌肉施加较小的负重，那么肌肉训练将不会取得显著的效果。

如果是没有体力的女性或是上年纪的人，利用自重或弹力绳就可以对肌肉施加足够的负重，而如果是想要进阶的人，或是对体力较为自信的高级训练者，那么负重过小就会成为一个致命缺点。在考虑训练地点时，必须考虑到自身的体力情况。

自己在家训练

优　点
- 免去奔波时间，有利于灵活安排时间
- 不用花钱

缺　点
- 无法对肌肉施加较大负重
- 可进行的项目少于健身房

了解器械与自重的优缺点

现在的健身房中基本上都是能够让你轻松改变负重的重量组合式器械。你可以使用它们轻松进行高强度训练。另外，由于器械的施力轨道是决定好的，因此它很容易让我们养成正确的训练姿势。可以说这是一种任何人都能轻松、安全、有效地进行肌肉训练的好方法。另外，由于器械训练不需要保持身体平衡，因此我们可以将意识全部集中在所要锻炼肌肉的收缩上。这也是它的优点之一。我们可以利用它的这一特点，"前半段进行自重训练，后半段感觉疲劳后进行器械训练"。很多人都是这样安排训练项目的。

不过，因为器械的轨道是固定的，所以我们没有办法对姿势进行细微的调整。这是它的一个缺点。还有人指出肌肉拉长时的负重容易变小，这也是器械训练的一大缺点。

出现这一情况的主要原因有两方向。一是反复进行项目训练时，后半段身体会变得无力，因而会导致负重砝码的突然掉落。二是因为器械在构造上是利用摩擦力工作的，伴随肌肉拉长收缩出现的肌损伤是促进肌肉发达的重要因素，而器械训练是很难引起肌损伤的。这有实际的实验数据可以作证。

使用自重进行肌肉训练的优点是可以自由调整姿势。如果你有训练经验，那么你可以自己采用对肌肉更为有效的姿势进行训练。这也是很多高级训练者以自重为中心安排训练项目组合的一个原因。

另外，进行自重训练时，为了能让身体保持平衡，我们自身会调动众多肌肉。与器械训练不同的是，自重训练不会减少肌肉拉长时的负重，这是它的一大优点。希望有志进阶的训练者能够对自重训练发起挑战。

不过，在自重训练中很难掌握正确的训练姿势，这是它的一个缺点。姿势错误会影响效果，而且还有可能受伤。在肌肉训练中选择自重训练时，请大家一定要注意姿势。

去健身房（器械）

优　点
- 容易掌握正确的训练姿势
- 集中对目标肌肉进行训练

缺　点
- 容易减少肌肉拉长时的负重
- 不能调整姿势

去健身房（自重）

优　点
- 能够将意识集中在目标肌肉上
- 可以调整姿势
- 通过一个训练项目可以调动多块肌肉

缺　点
- 姿势不好掌握

肌肉训练时的要点
基础篇

让肌肉训练更有效的诸多要点

肌肉训练的动作中隐藏着很多对肌肉有效的要点或诀窍。在掌握它们后，你的肌肉训练就会获得更加有效的成果。

下面我们就针对肌肉训练的基本动作要点进行解说。这些要点适用于所有训练项目，因此大家在开始训练前一定要首先掌握它们。

肌肉训练时的基本要点

1 动作要到位

进行肌肉训练时不要利用反作用力，也不能在训练中使用训练目标外的肌肉。要时刻用正确的姿势进行训练。

在肌肉训练中，带有反作用力的"**妨碍**"动作称为"**犯规**"动作；不使用犯规动作，严格按照正确姿势进行的动作称为"**标准**"动作。

在进行侧平举等站姿项目时，下半身容易晃动，这一点要特别注意。如果在训练中克制不住下半身用力，那么训练者可以采用坐姿进行这些项目。

提起负重的速度以1~2秒为基准

上提负重的速度以在1~2秒内缓慢提起为宜，但是没必要故意延迟上提时间。如果你以标准姿势进行训练，那么你也可以有意识地稍微加快速度。基本上，为了能够利用较大的负重（8~10RM），不论花费多大气力提起负重，都要缓慢地动作。

如果你没有出现犯规动作，但却在不到1秒钟内提起了负重，那就有可能是你设定的负重较轻。

不过，在你有意识地快速上提时，很容易出现犯规动作，这一点要注意。

2 出现拉长收缩后，缓慢下落

负重下落时**会出现拉长收缩**，这时基本上要意识到这种收缩，并且缓缓使负重下落。说起肌肉训练，很多人都会想到"上提负重的运动"，但是却容易忽略负重下落的时候。肌肉训练中，下落动作比上提动作更加重要。

拉长收缩能够引发肌损伤。肌损伤是促进肌肥大的重要因素。肌肉受损不会发生在上提杠铃时，而是发生在下落杠铃时。如果下落时速度过快，那就不会在拉长收缩中施加足够的负重。下落速度最好以2秒钟完成为宜。我们要一边感受到承受的重量，一边缓慢地使器械下落。

为了确保肌肉拉长时承受的负重不会减少，我们可以在器械下落时突然放缓速度或者暂停一下。

※很多时候我们反而会经常使用犯规动作，以此作为强化肌肉训练的技巧。（→参照P135的"强化技巧！"）

要在杠铃下落时也能让肌肉受到锻炼，这很重要。很多高级肌肉训练者都表现出"去健身房不是为了举起杠铃，而是为了落下杠铃"

3 扩大关节活动区域（全身训练）

在进行肌肉训练时，如果没有受伤等特殊原因，我们应尽量有意识地扩大动作范围内的关节活动区域。

相反，不要让我们的关节活动区域太过狭小。在进行卧推等项目时，经常有人会让自己的关节处于极度狭小的活动区域内，并且进行较大负重的训练。这并不会有多大成效。

但如果因为受伤或身体构造等原因不能进行全身性肌肉训练时，我们也可以将其作为一种技巧应用在局部训练中。

扩大关节活动区域能够提升肌肉训练效果，这主要有以下几个原因。

拉伸容易引起肌损伤

肌肉越是在极度伸展后进行收缩，就越容易产生肌损伤。

肌损伤是促进肌肥大的重要因素之一，因此，在大范围关节活动区域内拉伸肌肉对于提高肌肉训练效果非常重要。

另外，拉伸动作引起的肌损伤和拉长收缩时引起的肌损伤没有直接关系。即使对相同的拉长收缩进行比较，也是拉伸时更容易产生肌损伤。

如果想在肌肉训练中彻底拉伸肌肉，最好进行全身训练。

局部运动的工作量小

即便使用较大的负重进行训练，在局部训练中，运动力学工作量（力×距离）也会变得很小。这主要是因为，如果关节活动区域变得狭小，那么肌肉承受的负重就会增加。但它不会超过粘位点（提起负重过程中的受限位置）。这样的运动即使增大负重，也会因为移动距离过小而使工作量本身变小。

运动的力学工作量一旦减少，肌肉的能量代谢量就会减少。能量代谢量小的训练不能促进诱发肌肥大的厌氧代谢物的累积以及激素的分泌。

基于以上原因，进行全身性肌肉训练才是最为有效的。

4 注重负重与次数（标准动作下）

要想在肌肉训练中取得良好的效果，强化肌肉非常重要。

尤其是初、中级水平的训练者，为了能够每次都确实使肌肉得到强化，就要以注意"负重的大小"与"尽量多做一次训练"为标准。希望大家能够注重这两点。

持续进行肌肉训练后，我们承受的负重、训练重复次数自然会增加。这时，重复次数将会成为我们的新标准（比如10次）。如果能够达到目标，那么我们在下一次训练时就要逐渐增加负重，这是平时大多使用的方法。这样不仅能让我们在每次训练中确实地强化肌肉，还能让我们真实地感受到自身的成长。因此它也能提高我们的训练热情。

这种伴随肌力提升而逐渐增加负重的方法叫作"渐增负重法"。

不使用犯规动作，用标准动作进行训练

如果太过于注重动作与次数，就会出现犯规动作，或者出现关节活动区域变小等情况，这些是我们必须极力避免的。不用标准动作进行肌肉训练，就会降低训练效果。而如果因为使用犯规动作，致使关节活动区域减少就会增加负重，那也不会提升肌力。

进行肌肉训练时，要在做出标准动作的前提下，再提高负重与次数。

有些高级训练者会故意选择较轻的负重，然后慢慢对肌肉进行强化。但这是高级技巧，初、中级训练者最好先从基础开始。

卧推是最容易出现犯规动作的项目，一定要特别小心

肌肉训练时的要点 应用篇

1 了解双关节肌构造，对目标肌肉进行改造

人类身体上每块肌肉几乎都连接着一个关节，而连接两个以上关节的肌肉则称为双关节肌。

例如，腓肠肌连接了足关节与膝关节，它有伸展脚踝的作用，同时也有屈膝的作用。

在进行双关节肌的肌肉训练项目时，要熟知该肌肉的构造特点后再进行训练，这非常重要。

肌肉在伸展时会被调动，在短暂放松后会难以调动

肌肉在伸展时容易被调动，而在短暂放松后就会难以调动。这是肌肉的特性。我们可以利用这种特性，有意识地对目标肌肉进行"改造"。

例如，肱二头肌是双关节肌。它不仅有肘弯曲作用，还能让手臂自肩关节起向前摆动（肩关节弯曲）。一般的杠铃弯举（→P134）中，我们能够让作为双关节肌的肱二头肌与作为单关节肌的肱肌、肱桡肌受到均衡的训练，而单臂哑铃弯举（→P136）则能重点拉伸肱二头肌，使其受到强烈的刺激。

这些技巧都可以应用于其他双关节肌训练项目中。

主要双关节肌及其作用

肌肉	连接关节	主要作用
肱二头肌	肘关节	弯曲
	肩关节	弯曲（向前摆动）
肱三头肌（长头）	肘关节	伸展
	肩关节	伸展（自上而下摆动）
股四头肌（股直肌）	膝关节	伸展
	股关节	弯曲（向前摆动）
腿后腱（半膜肌、半腱肌、股二头肌）	膝关节	屈曲
	股关节	伸展（向后摆动）
腓肠肌	足关节	底屈（伸展）
	膝关节	屈曲

放松双关节肌，加强对单关节肌的刺激

相反，在双关节肌放松时，同一部位的单关节肌就会受到强烈的刺激。有些技巧就是利用了肌肉的这一特质。

例如，在手臂前摆状态下进行的牧师凳弯举（→P137）中，肱二头肌这一双关节肌会出现短暂的放松。因此，作为单关节肌并能够进行肘屈曲运动的肱肌、肱桡肌就会集中受到强烈的刺激。

在单关节肌与双关节肌混合的部位，我们可以通过改变双关节肌的张弛，对特定部位进行单独训练。

2 灵活利用强制助力

强制助力是指在单凭自身力气无法重复训练时，利用某种方法强行继续重复训练的技巧。使用这一方法进行训练后，会比一般重复训练结束后获得更好的肌肉强化效果。

普遍需要有人辅助或利用犯规动作

进行强制助力时，最为常见的方法是借助他人力量，帮助自己增加重复训练次数。在自身使不出力气时，我们可以通过他人的辅助再重复进行2~3次的训练。

另外，也有一种技巧是利用平时多被看作错误的犯规动作来进行强制助力。开始时我们利用标准动作进行重复训练，在自己使不出力气时就利用犯规动作进行训练，它可以增加2~3次的重复训练次数。使用这一方法可以独自完成训练。

在肌肉拉长时依靠自身力量使器械下落

在进行强制助力时，要在肌肉拉长时利用自身力量使器械下落。这是要点。肌肉在拉长收缩时会比缩短收缩时产生的力量更大，因此即便是在举不起负重时也仍有余力可使负重下落。

由于缩短收缩时动作受限，这时我们可以利用他人辅助，或者利用犯规动作进行训练。而在器械下落时则要注意利用自己的力量缓慢动作。

※我们可以先准备好负重稍小的哑铃，然后在自己使不出力气时迅速用其代替正在使用的负重，继续进行重复训练。这种"减重"也算得上是强制助力的一种。

3 了解肩胛骨、躯干、股关节的活动

肩胛骨、躯干、股关节位于身体的中心部位，是所有动作的起点。控制它们的活动是我们能够进行有效的肌肉训练的要点。

不过，与我们很容易就能意识到的指尖或脚尖的动作相比，很多人都不能随心所欲地控制这一中心部分的活动。为了提高肌肉训练效果，我们需要对肩胛骨、躯干、股关节的结构进行了解。

难以发现的肩胛骨的活动，手臂从肩胛骨处开始摆动

肩胛骨是位于上背部两侧的平坦的骨头，它是连接双臂的肩关节存在的基础。

与躯干部分的肋骨相比，肩胛骨能够滑动。也就是说，它不仅能让手臂从肩膀处开始活动，而且还能使自己活动起来。

肩胛骨的活动大致分为"上下""左右""回旋"三种类型（图1）。

> Ⓐ 上下活动（上举・下压）
> Ⓑ 左右活动（内收・外展）
> Ⓒ 回旋活动（上方回旋・下方回旋）

肩胛骨位于身体背面，因此很多人都很难意识到它的活动。在进行上半身的肌肉训练时，为了能够获得确实的效果，要点就是要掌握这一部分的活动。

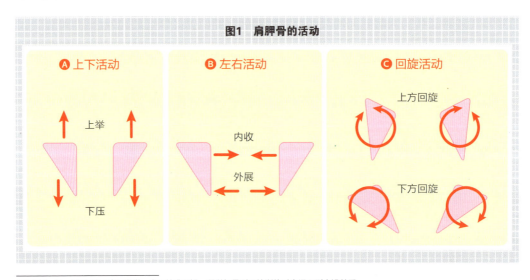

图1 肩胛骨的活动

※相对A、B、C的运动不容易发觉，由于较难理解，所以如果刚开始训练时意识不到也没关系。

容易混淆的躯干与股关节、脊柱与腿根的运动

"躯干"指胴体部分,而"躯干的活动"则指连接背骨的脊柱部分出现的活动。也就是说,它指骨盆以上部分出现的活动,是指以心窝(太阳神经丛)为中心进行的向前后左右弯曲、扭转的活动(图2)。

"股关节"指连接大腿根部的关节。"股关节的活动"指连接骨盆的大腿的活动。股关节可以进行前后左右摆动、回旋、扭转,能够全方位活动(图3)。

下半身运动起点的股关节会在我们进行跑、跳、踢等很多动作时发挥重要作用。

如上所述,躯干与股关节虽然是完全不同的部位,但很多人却没有认识到它们的区别。

了解躯干与股关节后,肌肉训练会更加有效

直立却不伸直膝盖,并以两手触地的"直立体前屈"是躯干与股关节都要发生屈曲的动作。但很少有人能够意识到这一骨盆上下两处进行的运动。原因是与指尖、脚尖相比,我们很难意识到身体的中心部位,因此导致我们很难发现躯干、股关节的活动。

在肌肉训练中,掌握好躯干与股关节的活动对有效锻炼目标肌肉非常重要。例如,仰卧起坐(腹肌运动)时要提起上体,为了使用目标肌肉——腹直肌(躯干屈曲肌),我们就要以心窝为中心弓起背部。假如利用腿根的股关节提起上体,那么腹直肌就得不到锻炼。

确切了解躯干与股关节的不同,对于有效进行肌肉训练而言是极为重要的要点。

图2 躯干背部伸展
躯干运动是指以心窝为中心的脊柱部分的活动(→P121)

图3 股关节背部伸展
股关节运动是指腿根部分的活动(→P121)

第2~4章的阅读方法

本书的第2~4章为你进行肌肉训练项目的介绍。我们为你提供了每个训练项目的各种信息,使你能够更加深入地了解各个项目。

※部分书页的形式不同

训练项目
标明训练项目、项目名称并对其进行说明。由此可知进行这一训练项目的意义与效果。

针对肌肉
标明所介绍的训练项目对于在身体何处、哪一部位的哪块肌肉有效。附有照片进行介绍的肌肉就是目标肌肉。

训练项目的变化 Menu
为你介绍训练项目组合、其他变化项目以及可以锻炼同一部位的训练项目等。

上背部

常规下拉
Lat Pull Down

利用滑轮锻炼**上背部(外侧)**肌肉

利用滑轮锻炼上背部外侧的背阔肌、大圆肌。锻炼身体后部肌肉时可以改善姿势,塑造优美的形体尤为重要。对于男性而言,背部也是你形成倒三角形身材的一部分。在进行同样被称做上背部肌肉的自重项目引体向上(悬垂)时,可以用这一项目进行替代。

训练项目的变化 Menu

1. 颈后下拉 — 增加对大圆肌、斜方肌的刺激
上体微微引起就会减轻对背阔肌的刺激,增加对大圆肌、斜方肌的刺激。

2. 反手下拉 — 增加对背阔肌下部的刺激
反手握住拉杆时,由于两手打开幅度变小,因此对背阔肌下部的肌肉作用更为大。

3. 锻炼整个背部 — 锻炼整个背部
背部后弯的同时肩胛膜紧靠上拉。可以锻炼以背阔肌下部为中心的整个背部。

要点

扩胸、收紧肩胛骨
扩胸、收紧肩胛骨的同时带动拉器械,这是让背阔肌得到有效锻炼的要点。身体微微后仰,然后再从此肌力带动。

检测!

使用固定皮带或强力护把手
只有手握能够紧紧抓住的人才可以使用固定皮带或强力护把手。利用握力下降减轻,手臂的力量会减弱,这样更能充分刺激到背阔肌的肌肉。

① 两手张开, 握住器械拉干
在器械上坐好后, 利用护板牢牢固定大腿。手臂大张, 握住器械拉杆。手臂张开幅度约为肩宽的1.5倍。

② 下拉器械杆至颈部
保持1的状态, 将器械杆下拉至颈部。带拉时要挺胸, 收紧肩胛骨。没必要拉到颈部以下。

错误

肩膀上提
肩膀上提会使髋关节的关节活动区域变小, 只对斜方肌有效。

弓背, 器械杆下拉至腹部
弓背会使背阔肌得不到锻炼。另外, 即便器械杆下拉至腹部也不会对背阔肌有效。

高效技巧!

上体扭你曲
上体后仰, 然后继续带轮可以进行强制助力, 灵活进行强化。

检测!
对与介绍项目相关的、有必要了解的信息进行说明。

要点
对正确、有效进行项目的要点、诀窍等进行解说。掌握要点是学会正确训练姿势的捷径。

高效技巧!
对如何能够自如地完成相关项目的极限次数,以及怎样持续并进一步对强化肌肉(强制助力)的技巧进行说明。

错误
指出现实中进行此处介绍的训练项目时经常出现的错误、容易搞错的地方。对出现错误的原因以及错误可能引发的后果进行说明。

第2章

在家就能
进行的训练

"想做肌肉训练,但是没时间去健身房"的人就在家里训练吧。只要方法正确,就算是在家里也能获得足够的肌肉训练效果。

胸部
推　举

Push up

锻炼胸、肩、手臂深层肌肉的上半身基础项目

推举就是人们常说的"俯卧撑"。主要目标肌肉是带动肩关节活动的胸大肌，同时还能锻炼三角肌以及手臂内侧的肱三头肌。虽然是上半身的基础训练项目，但是却很少有人训练姿势正确。假如能够注意姿势，就有可能减轻负重。

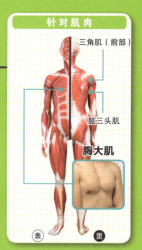

针对肌肉
三角肌（前部）
肱三头肌
胸大肌

❶ 手臂大幅打开

手臂大幅张开（约为肩宽的1.5倍），注意让整个身体保持一条直线。注意臀部不要塌陷。

要点

身体成一直线

想方设法让身体保持一条直线。注意臀部塌陷会使肌肉关节活动区域变小。

检测！

手臂打开幅度不同，得到锻炼的肌肉也会不同

如果手臂打开幅度较小，虽然这样也能对手臂内侧肌肉起到锻炼作用，但是却不会对本该重点锻炼的胸大肌奏效，因此手臂打开幅度至关重要。

训练项目的变化 Menu

第2章 在家就能进行的训练

1. 双膝着地俯卧撑

❶ 双膝着地进行俯卧撑时可以减轻负重。动作开始时双膝着地、身体呈趴跪姿势。其他要点相同。

❷ 保持膝盖上部的身体成一直线,慢慢使身体下落,直至下颚触地。

2. 跪式俯卧撑

❶ 采用这种姿势时,负重会变得更小。动作开始时,此种俯卧撑的膝盖位置会比双膝着地时更为靠前。腰部要挺直。

❷ 身体降低至下颚触地。这是对老年人以及肌力低下者来说特别有效的变化项目。

❷ **身体大幅下落**   保持身体成一直线,身体缓慢下降至下颚触地,然后提起身体。

错误

身体下降幅度不够
如果关节的活动空间狭小,那么肌肉训练的效果就会下降。如果不能使身体大幅下降,那么负重就会减轻。

臀部塌陷
臀部塌陷会使关节的活动空间变得狭窄。注意要有意识地同时提起上体和臀部。

腹部

膝关节拉伸
Knee to Chest

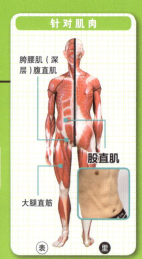

锻炼**腹肌、腹部深层肌肉**的躯干部分基础训练项目

这是在家可以进行的腹肌训练法中最基本的训练项目之一。它不分场地，只要坐在地上就能练习，是可以一边看电视一边进行的训练。不仅能锻炼位于腹部正面的腹直肌，还能锻炼位于腹部深层、具有股关节屈曲（大腿向前摆动）作用的胯腰肌。

要点

以心窝为中心弓背

训练时不要以腿根部的股关节作为支点。要以躯干为支点弓背，使膝盖尽量接近头顶，这样对腹直肌有效（躯干屈曲肌）。

边吐气边上提

腹直肌是附着在肋骨下方的肌肉，因此，我们可以在肋骨随着吐气下降的同时提起双腿，这样更加有效。

❶ 坐在地上，两手撑在身体两侧保持平衡

坐在地上，两手横放在身体两侧，轻轻屈膝，双腿下降至脚跟将要触地为止。动作开始时背部稍微弓起，轻轻拉伸腹肌。

训练项目的变化 *Menu*

利用椅子进行的膝关节拉伸

针对肌肉 胯腰肌、股直肌

利用椅子增大关节活动区域

坐在比地板高的地方进行训练时，双腿可以大幅下降，因此我们可以通过增大关节的活动空间拉伸腹直肌。

① 坐在椅子上，双手横向抓住椅子

靠前浅坐在椅子上，双手分别抓住椅子两边。微微屈膝，不要伸展。

② 弓背、提腿

弓背、提腿。要点与在地上时相同。注意不要用股关节，而是利用躯干做动作。

错误

坐得过深

太过靠后坐在椅子上时，背部就会难以弓起。要点是浅坐，臀部要在椅子前方。

※请在确认椅子的安全性、稳定性后再进行训练

错误

后背挺直

注意，背部挺直、只有双腿上提的姿势对具有躯干屈曲（弓背）作用的腹直肌无效。

错误

膝盖靠近颈部、胸部

膝盖靠近颈部、胸部的姿势是后背没有完全弓起的证明。膝盖要接近头顶部。

② 一边弓背，一边提起整个腿部

不要只以股关节为支点提起双腿，还要以心窝为中心弓起躯干（脊柱）。膝盖接近头顶便于弓起躯干。

第2章 在家就能进行的训练

35

> 腹部

仰卧起坐

Crunch

集中锻炼腹部肌肉

保持仰卧、弓起上体是锻炼腹直肌的腹肌训练项目。由于不会使用到腿根部的股关节，只活动上体就可完成这一训练，因此这有利于我们专注于弓起躯干的动作。这也是这一项目的特点。这个项目看上去动作很小，是个很普通的训练，但如果你认真进行这个训练，它就会对腹直肌上部为中心的肌肉产生良好的效果。

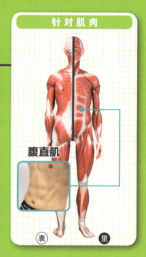

针对肌肉：腹直肌（表／里）

> 要点

以心窝为中心弓背

这一训练项目的主要目标肌肉是腹直肌。因为它是躯干屈曲肌（弓背），所以一边弓背一边上提双腿对其非常有效。

边吐气边训练

腹直肌是附着在肋骨下方的肌肉，所以在肋骨随着吐气下降时弓起上体会更加有效。

❶ 仰卧提腿

仰卧，上提双腿、屈膝。一般将手放在耳朵附近。如果将手抱在脑后，负重就会稍微增大。

训练项目的变化 **Menu**

第2章 在家就能进行的训练

转体仰卧起坐

针对肌肉 主要：腹外斜肌
其次：腹直肌、腹内斜肌

对侧腹施加负重

一边扭转一边进行仰卧起坐，会对扭转侧的腹外斜肌施加负重。可以连续扭转同一侧，也可以左右两侧交替扭转。

要点

在扭转时稍作停留

这是动作很少的项目，因此我们可以在上体扭转上提时稍作停留，这样就会增加运动量。

❶ **仰卧踢腿**

仰卧并提腿。起始动作与仰卧起坐相同。

❷ **扭转弓背**

扭转的同时弓背，上体上提。不用股关节，利用躯干进行动作。

 错误

背部完全上提

活动的部位只到肩胛骨附近即可。背部完全上提就会变成仰卧起坐，这是另一种腹肌训练项目，两者的效果不同。

高效技巧！

请同伴帮助施加负重

可以请同伴帮助加大负重。特别要注意在上体下落（拉长收缩）时加大负重，这是关键。

❷ **弓背，上体上提**

以心窝为中心弓背。不要让股关节活动，只有躯干可以活动。直到肩胛骨都要上提。

37

腹部

侧卧起坐

Side Crunch

集中锻炼**侧腹**

侧卧式仰卧起坐可以锻炼平时很难锻炼到的侧腹肌群（腹内斜肌、腹外斜肌）。侧腹肌群具有扭转、弯曲躯干的作用，因此也是体育运动中非常重要的肌肉之一。它还与塑造美丽的形体有关，因此要好好锻炼哦。

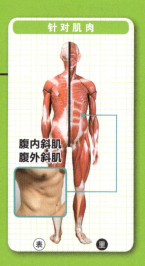

针对肌肉：腹内斜肌、腹外斜肌

错误

只有颈部活动

虽然心里打算要弓背，但是却只有颈部动了。这样不能锻炼腹斜肌，一定注意要用躯干动作。

 检测！

利用手的力量辅助训练

在靠自身力量无法提起上体时，我们可以将放在腹斜肌上的手放在地上，利用手对地面的推力进行训练。

❶ 侧卧

为了保持平衡，我们可以屈膝侧卧。身体上方的手放在耳旁，下方的手搭在腹斜肌上，感受肌肉的活动。

❷ 侧卧弓背，上体上提

侧卧弓背，提起上体。由于这个项目的动作很小，所以在身体上提时要停留1秒钟再继续。

训练项目的变化 Menu ❶

侧屈（弹力绳）

针对肌肉 腹内斜肌、腹外斜肌

利用弹力绳锻炼侧腹

这是利用橡皮绳锻炼侧腹肌肉的项目。虽然是腹肌训练项目，但却直立进行，这是它的特点。此项目的目标肌肉是腹斜肌群。它具有躯干侧屈（横向弯曲背部）的作用。

❶ 踩住弹力绳保持姿势
两脚踩住弹力绳，单手拉直弹力绳。如果此时弹力绳松弛，则说明姿势错误。

❷ 横向弯曲背部
以心窝为中心横向弯曲背部。要点在于横向弯曲背部时，骨盆要固定不动。

要点

固定骨盆
这一项目的主要目标肌肉是斜方肌，因此一定要从背部开始弯曲。注意不要动用骨盆以下的股关节。

训练项目的变化 Menu ❷

侧卧髋关节提举

针对肌肉 主要：腹内斜肌、腹外斜肌
次要：内转肌、臀中肌

利用侧拱桥形锻炼侧腹肌

利用身体形成的侧拱桥形锻炼侧腹肌肉。目标肌肉为腹斜肌群，因此要尽量从背部开始动作。这一项目还会对股关节的内收、外展肌群也施加负重。

❶ 手脚支撑身体
利用手脚侧撑身体。为了保持平衡，双腿要前后打开。手脚不要距离过远。

❷ 背部侧弯
背部侧弯，同时提腰。目标肌肉是腹斜肌群，因此要注意利用躯干做动作。

要点

以心窝为中心，背部侧弯
由于主要目标肌肉是腹斜肌群，所以我们要从躯干开始背部侧弯。注意尽量不要动用骨盆以下的股关节。

大腿前部　臀部　大腿内侧

深蹲（自重）

Squat

锻炼腰腿的基础且重要的多关节项目

能够调动腰腿处各种肌肉的多关节项目，也被人称为"训练之王"。可以对大腿前、后，内转肌群、臀部、下背部等从躯干到下半身的主要肌肉进行锻炼。在身体健康上，它可以减肥；在运动上，它能提升运动能力。不论目的为何，它的效果都值得期待。

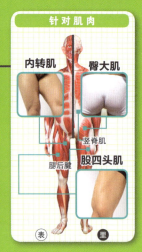

针对肌肉：内转肌、臀大肌、竖脊肌、股四头肌、腿后腱

要点

膝盖探出，稍微超过脚尖

膝盖探出过多会受伤。如果膝盖探出时没能超过脚尖，那么就会使动作受到拘束，因此膝盖探出时稍微超过脚尖最适宜。

下蹲时保持上体适当前倾

下蹲时要保持上体适当前倾。注意，如果上体过直，那么为了保持平衡，膝盖就会探出过多。

背部挺直

下蹲时要保持背部挺直，这是基础。这样可以降低出现腰痛的风险。

❶ 双脚打开与肩同宽

双脚打开与肩同宽，双手叉腰。脚尖向前或向内会影响下蹲时的平衡，因此脚尖要稍向外打开。

支撑深蹲

针对肌肉 主要：股四头肌、臀大肌、内转肌
次要：腿后腱、竖脊肌

利用椅子减轻负重的方法

抓住椅子减轻负重。这是对于肌力低下的人来说最有效的技巧。

高效技巧！

单腿深蹲

这是一种加大负重的方法。感觉自身体重不足时可以单腿进行训练。为了保持平衡，我们要手扶椅子。

❶ 手扶椅背
两手抓住椅子的靠背站立，也可以使用桌子或其他东西。

❷ 直接下蹲
扶着椅子，借助手的力量下蹲。动作要领与普通深蹲相同。

错误

膝盖探出过多
上体直立、膝盖探出过多会使膝盖受伤，而且也不会对臀部以及内转肌发挥作用。

弓背
弓背容易损伤腰部。眼睛看着地面下蹲时容易弓背，因此眼睛要看着正前方。

膝盖内收

膝盖向内并拢会导致膝盖内侧的韧带负重加大，因此下蹲时膝盖要朝向脚尖方向。

❷ 下蹲时，大腿与地面保持平行

目光直视前方，下蹲时背部伸展。下蹲幅度以大腿与地面平行为准。注意膝盖不要过分探出，上体微微前倾。

臀部　大腿前部

弓步

Lunge

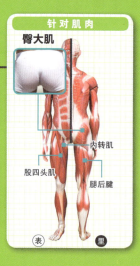

针对肌肉
臀大肌
内转肌
股四头肌
腿后腱
表　里

以 **臀部** 为中心的下半身训练项目

左右交替踏步的下半身训练项目。在股关节伸展肌中，深蹲主要对内转肌和臀大肌下部起作用，而这个项目却能对臀大肌中、上部起作用。利用单腿蹬地进行强化的弓步效果更好，同时它也是提升臀部、打造翘臀的有效项目。

要点

膝盖不要探出过多

膝盖探出过多容易受伤，而且也不会对目标肌肉产生效果。

错误

步幅小

步幅小，膝盖就会过于向前探出。为了不弄伤膝盖，我们要迈出较大的步幅。

身体下沉幅度不够

身体下沉幅度不够会让肌肉的活动空间变小。由于臀部不能得到充分的伸展，因此效果会降低。

❶ 正目视前方，两手叉腰站立

目视前方站立。做好迈步的准备。如果两手能够握着轻量哑铃进行此项目，就会有足够的负重。

反复弓步

针对肌肉 主要：臀大肌、股四头肌
次要：内转肌、腿后腱

左右交替刺激肌肉

两腿交替做弓步。向前迈出的腿会使用膝关节伸展肌（股四头肌）、向后伸展的腿则会用到髋关节伸展肌（臀大肌）。

训练项目的变化 Menu

❶ 向前迈步
像平常的弓步一样迈步。

❷ 姿势恢复
以后脚为轴收腿，恢复为初始姿势。收回的腿随后变为向后迈步。

❸ 以腿为轴作弓步
向后大踏步作弓步。同样以后脚为轴，重复进行前面的动作。

❷ 向前踏步后，身体大幅下沉

单脚向前大踏步，后腿膝盖几乎着地，身体尽量下沉。回到初始位置后，换另一侧做相同的动作。

高效技巧！

弹力绳弓步

利用弹力绳施加较大负重

使用弹力绳就会加大负重。单靠自身重量无法进行强化的人可以试试这个方法。

单脚踩住弹力绳的中央部分，两手抓住绳子两端。与平常的弓步不同的是，不要向前迈步，而是向后跨步。不要左右交替进行，要每条腿单独进行。

臀部　下背部　大腿后部

提举（弹力绳）

Dead Lift

锻炼**下背部、臀部、大腿后侧**等腰腿后面的肌肉

训练下背部、臀部、腿部的代表性项目。针对的目标肌肉主要有竖脊肌、臀大肌、腿后腱，其次还能锻炼背阔肌、斜方肌与股四头肌。因为是需要强大负重的拉力项目，所以我们可以使用弹力绳或橡皮绳，通过缩短绳子的长度加大负重。

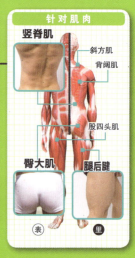

针对肌肉：竖脊肌、斜方肌、背阔肌、股四头肌、臀大肌、腿后腱（表／里）

要点

背部挺直，膝盖不能过于弯曲

弓背会造成腰部受伤，因此背部肌肉一定要挺直。膝盖弯曲过大时只会用到大腿前面的肌肉，因此要"微微弯曲"。

错误

弓背

弓背可能会引起椎间盘疝气。另外，目视下方时很容易弓背，因此要目视前方。

❶ 踩住弹力绳

抓住弹力绳两端，踩住弹力绳中央。背部挺直，膝盖微微弯曲。目视前方，防止弓背。

❷ 起立

背部挺直，直接起立。这会让竖脊肌与臀大肌收缩。最后挺胸，让肩胛骨收拢（肩胛骨内收）。

训练项目的变化 Menu ❶

单脚提举

针对肌肉 主要：臀大肌、臀中肌
次要：竖脊肌、腿后腱

锻炼臀的中上部

单脚训练时会对臀大肌中上部以及臀中肌发挥作用。适合作为利用单脚踢腿进行的竞技动作的强化项目以及提臀训练。

弓背 错误

弓背是躯干运动的证明。股关节不运动就不会对臀部肌肉生效，所以练习中要始终保持背部挺直。

❶ **反向手握弹力绳**
一脚踩住弹力绳，用与该脚反方向的手握住绳子。以踩住绳子一侧的股关节为轴，让挺直的背部向前倾。

❷ **起立时以股关节为轴**
起立。不要用躯干（脊柱）做动作，要由股关节（大腿根）开始做动作。

训练项目的变化 Menu ❷

直膝提举

针对肌肉 主要：腿后腱
次要：臀大肌、竖脊肌

膝盖伸直后，以腿后腱为中心的训练

膝盖伸直后，会针对大腿内侧的腿后腱进行集中而有效的锻炼。

❶ **膝盖伸直，上体前倾**
也和平常的提举一样使用弹力绳。保持背部挺直。

❷ **起立**
起立。要点是不要用躯干进行动作，而是使用股关节。背部要挺直。

第2章 在家就能进行的训练

臀部

后踢
Back Kick

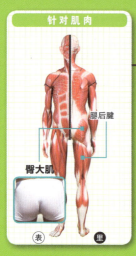

以 臀部 为中心的训练

由大腿根部向后摆腿（股关节伸展）的动作，是主要训练臀大肌的项目。基本只锻炼臀部，所以动作中能够明显感受到肌肉的收缩。能够真实地感受到效果也是这个项目的优点。这是打造上翘美臀的有效项目。

❶ 四脚着地，单脚抬起

四脚着地，抬起单脚。臀大肌是让腿根部的股关节运动的肌肉，因此我们要挺直与训练部位无关的背部。

高效技巧！

使用弹力绳加大负重

使用弹力绳会增加负重。自身重量不够，无法进行强化的人可以尝试此种方法。

❷ 以股关节为轴的上提

向后上方踢腿。要有意识地用大腿根部的股关节进行动作。

46

臀部　下背部　大腿后部

背部伸展（椅子）
Back Extension

利用反向动作锻炼下背部、臀部以及大腿后部

通过反向弯曲身体使竖脊肌、臀大肌、腿后腱等腰腿后部的肌肉受力的项目。强化这一部分的肌群能提升体育竞技能力，在日常生活中也能起到改善姿势的作用。这个项目可以在地面上进行，但为了让肌肉获得更大的运动空间，这里介绍的是利用椅子训练的方法。

第2章 在家就能进行的训练

针对肌肉
- 竖脊肌
- 臀大肌
- 腿后腱

（表）（里）

检测！ 地面练习

地面上的练习也不是没有用。但这样不仅肌肉的活动空间狭小，而且还可能由于反向伸展过度而导致腰部受伤。因此最好使用椅子。

❶ 趴下
趴在椅子上，背部要完全弓起。如果椅子较硬，可以在上面铺上毛巾。

❷ 手脚上提，拉伸背部
上提手脚，反向弯曲背部。不要只意识到手脚，要以背部为中心做动作。

47

大腿内侧

内收（弹力绳）
Adduction

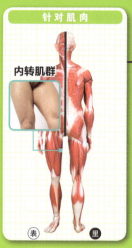

针对肌肉
内转肌群
表　里

主要锻炼大腿内侧肌肉

利用弹力绳对大腿内侧肌肉进行集中锻炼的项目。深蹲主要刺激的是大腿后侧的内转肌（大内转肌），而这一项目则针对内转肌中央到前侧（长内转肌、小内转肌、短内转肌、耻骨肌、股薄肌）的肌肉进行刺激的训练。

错误　向前抬腿

向前抬腿训练的不是内转肌，而是胯腰肌。因此一定要向正上方抬脚。

检测！定位法

在弹力绳上做个圈，将其套在要锻炼的脚踝上。另一只脚在距离套了弹力绳的脚踝的不远处踩住弹力绳固定。

❶ 脚套弹力绳，用手从后抓住绳子

把一只脚套在弹力绳的中央部分，用另一只脚踩住弹力绳。用手抓住从身体后方绕过来的多余弹力绳。

❷ 以股关节为轴，向正上方抬腿

以大腿根部的股关节为轴，向正上方抬脚。如果感觉负重小，可以把弹力绳弄短。

臀部

外展（弹力绳）
Abduction

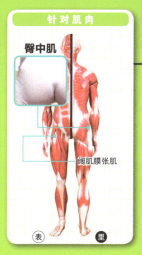

利用弹力绳锻炼臀部外侧、大腿外侧的肌肉

利用弹力绳对上臀外部的臀中肌、大腿腿根外侧的阔肌膜张肌进行锻炼的项目。臀中肌在日常生活中有维持单脚站立、在运动中向外踢脚的作用。臀中肌位于上臀部，是塑造翘臀必须锻炼的肌肉，女性尤其需要这一项目的训练。

❶ 将弹力绳套在脚踝处

将弹力绳的中央部分套在脚踝处，另一只脚踩住距离弹力绳中央不远的地方。用手抓住多余的弹力绳。

错误　脚尖向上

脚尖向上时，臀中肌不会完全承受负重。因此动作时脚尖要朝向侧面。

❷ 以股关节为轴，向正上方提腿

以股关节为轴，向正上方提腿。注意在做动作时，脚尖始终朝向侧面。

第2章　在家就能进行的训练

| 腿肚 |

提踵（自重）
Calf Raise

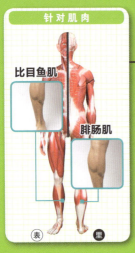

针对肌肉
- 比目鱼肌
- 腓肠肌
- 表
- 里

利用足尖站立锻炼腿肚内层肌肉

通过足尖站立的动作锻炼腿肚上具有伸展脚踝（足关节底屈）作用的腓肠肌、比目鱼肌。另外，腓骨长肌、腓骨短肌、拇长屈肌、趾长屈肌以及胫骨后肌等众多位于小腿部位的肌群也能受到刺激。要锻炼好双关节肌的腓肠肌，训练时一定要保持膝盖挺直。

要点

手扶墙壁保持平衡

要让脚踝完全受力，必须让身体处于稳定状态。因此可以用手扶墙保持平衡。

检测！

地面进行的提踵

提踵也可以在地面上做。但是地面上进行时，脚跟无法完全拉伸，加上关节活动区域狭小，训练效果就会降低。一般都会利用底座增大关节活动区域。

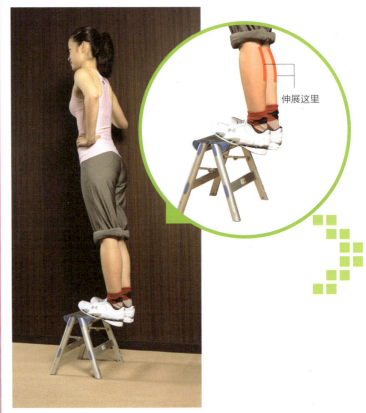

伸展这里

❶ 手扶墙壁，在底座上用力弯曲脚踝

脚尖踩在一个底座上，手扶着墙壁保持平衡。膝盖保持挺直，用力慢慢弯曲脚踝。

训练项目的变化 Menu

单脚提踵

针对肌肉 比目鱼肌、腓肠肌

轻松增加负重

单脚进行训练时，负重会轻松增加。如果利用一般方法感觉负重不够，那就试试单脚提踵吧。

屈膝增负

一般来说屈膝是错误的，但在增加负重时却可以这样做。当负重较大时，我们也可以借助挺直膝盖减负，这也是技巧之一。

高效技巧！

❶ 只用单脚站在底座上

单脚脚尖站在底座上，脚踝深深向前弯曲。由于单脚站立不稳，所以要手扶墙壁。

❷ 脚跟上提，脚尖立起

脚踝伸展，脚尖站立。由于单脚站立不稳，所以要手扶墙壁保持平衡。

第2章 在家就能进行的训练

错误

屈膝

屈膝时，作为双关节肌的腓肠肌会短暂放松，因此会难以调动，所以要挺直膝盖。

脚跟下压不够

脚跟下压不足时，关节活动区域就会变得狭小，因此会影响训练效果。脚跟一定要缓慢而用力地下压，直到腿肚上感觉受到拉伸为止。

❷ 利用脚尖伸展脚踝

挺直膝盖，慢慢提起脚跟，以脚尖站立。反复进行这一动作就能刺激腿肚四周的肌肉。

上背部

下拉（弹力绳）
Pull Down

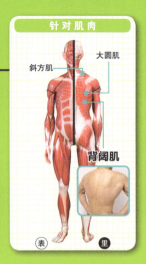

利用弹力绳锻炼 上背部（外侧）

拉动弹力绳锻炼上背部外侧的背阔肌、大圆肌。不仅锻炼胸大肌、腹直肌等身体正面的肌肉，还能锻炼身体后面的肌肉，更加有助于改善身姿，获得不错的身体比例。特别是想要拥有倒三角形身形的男性必不可少的训练项目。

要点

收拢肩胛骨

一边下拉弹力绳，一边收拢肩胛骨。肩胛骨完全收拢才能起到锻炼背阔肌的作用。

挺胸

下拉时要挺胸。背阔肌通过膜状的肌腱附着在脊柱上，因此反向拉伸背部时效果会更好。

❶ 手拿弹力绳举过头顶

按照自己的肌力大小将弹力绳折叠成适合的长度。手拿弹力绳两端并高高举过头顶。双膝着地或站姿都可以。

后颈下拉

针对肌肉 斜方肌、大圆肌、背阔肌

增加对斜方肌的刺激

在脑后拉伸弹力绳会使背阔肌的负重减轻，但却会增加具有收拢肩胛骨作用的斜方肌、大圆肌的刺激。

弓背拉绳

弓背会避免调动背阔肌。此时肩胛骨难以收拢，对斜方肌也不会发挥作用，因此对于大圆肌的刺激就会增大。

❶ 弹力绳举过头顶

开始动作与普通下拉动作相同。按自己的肌力大小，将弹力绳折叠成适合的长度。手持弹力绳两端并举过头顶。

❷ 在头后方下拉

在头后方下拉弹力绳时，要特别注意尽力收拢肩胛骨。

第2章 在家就能进行的训练

❷ 向外侧下拉

将弹力绳向外侧下拉。注意挺胸，收拢肩胛骨。注意在下拉时不要耸肩。

错误

耸肩

下拉绳子时耸肩就无法锻炼背阔肌。不要使肩膀上提，一边下压肩膀和肩胛骨，一边向外拉伸弹力绳。

弓背

下拉弹力绳时会不由自主地弓背。弓背后无法锻炼背阔肌，因此要一边挺胸，一边下拉弹力绳。

| 上背部

划船动作（弹力绳）
Rowing

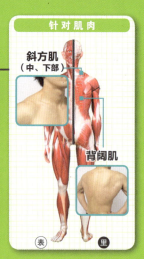
针对肌肉
斜方肌（中、下部）
背阔肌
表　里

利用弹力绳锻炼**上背部（中央）肌肉**

利用牵拉弹力绳的动作锻炼上背部。划船动作会让背阔肌、斜方肌的中、下部承受负重，因此相比下拉动作，它会更加锻炼上背部中心的肌肉。匀称优美的体形中不仅要有健硕的胸大肌、肱二头肌，还必须锻炼好身体背面的肌肉。背后也要好好锻炼。

要点

弹力绳拉向小腹

弹力绳不要拉向胸前，而是拉向小腹。这样做会自然而然地卸掉手臂的力量，更容易调动后背的肌肉。

膝盖保持微曲

不要太过挺直膝盖，保持微曲。

❶ 踩住弹力绳，上体前倾

抓住弹力绳的两端，两脚踩住弹力绳。背部挺直，上体前倾。膝盖微曲，上体前倾的角度略高于水平。

单手划船

针对肌肉 主要：背阔肌、斜方肌（中、下部）
次要：内腹斜肌

以左右侧单独训练为主

能明显感觉到背部肌肉的使用。手抓弹力绳一侧的内腹斜肌也能得到锻炼。

❶ 单手抓绳

单脚踩住弹力绳，用与该脚反方向的手抓住弹力绳。背部挺直，上体倾斜。

❷ 向腹部拉绳

背部挺直，手拉弹力绳。与双手划船时相同，弹力绳要拉向腹部。

错误：上体侧开

单手上拉时，身体很容易侧向打开。这样就不会对背阔肌产生效果，因此一定要注意使肩膀保持水平。

❷ 背部挺直，拉动弹力绳

背部挺直，保持上体前倾的同时拉动弹力绳。此时手臂尽量不要用力，注意利用背部肌肉。

错误：弓背

拉绳弓背容易使腰部受伤，同时它也不会对背阔肌产生效果。

向胸前拉绳

向胸前拉绳时会利用肱二头肌的力量，这样就无法让后背肌肉得到锻炼。

肩部

侧平举（弹力绳）
Side Raise

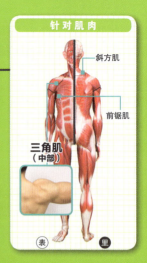

针对肌肉
- 斜方肌
- 前锯肌
- 三角肌（中部）

表　里

利用弹力绳锻炼**侧肩部**

利用肩关节横向展开手臂（肩关节外展）的动作主要能够锻炼三角肌的中央部分。三角肌的训练项目稍难，很少有人能够认真练习并取得显著的效果。发达的三角肌会让你的肩膀隆起。它是让你成为"衣架子"不可或缺的要素，好好锻炼吧。

要点

肩膀不要上提，手肘上提

为避免耸肩，肩膀不动，只有肘部上提。如果没办法做好，可以用另一只手压住肩膀来做。

由小拇指一侧开始上提

拉绳子时，要从手的小拇指一侧开始拉起。肩膀不要用力拉，你会感觉到手肘上提。

❶ 抓住弹力绳两端，两脚踩住

抓住弹力绳两端，两脚踩住绳子的中央部分。按自己的需要调整绳子的长度。放松肩膀，目视前方站好。

训练项目的变化 **Menu**

第2章 在家就能进行的训练

俯身侧平举 〔针对肌肉〕三角肌（后部）等

对三角肌后部有效

此种训练也要固定好肩膀再进行。

❶ 与侧平举初始姿势相同。背部挺直，上体前倾。

❷ 两手横向打开。在肩胛骨展开时手肘上提。

向前平举 〔针对肌肉〕三角肌（前部）等

对三角肌前部有效

与侧平举同样，要使肩膀固定不动。

❶ 两脚踩住弹力绳。与侧平举初始姿势相同。

❷ 两手向前上提。为了对三角肌起效，要从大拇指方向上提。

错误

耸肩

不能耸肩。肩膀上提会使斜方肌运动，作为目标的三角肌将无法发挥作用。

高效技巧！

屈肘

屈肘拉绳会因杠杆原理而减轻肩关节的负重。可以在每组运动的后半部分强化时使用。

❷ **放松肩膀，手臂上举**

利用肩关节上举手臂。如果斜方肌用力，则会出现耸肩。这样对三角肌毫无作用。因此要放松双肩。

手臂

手臂弯举（弹力绳）
Arm Curl

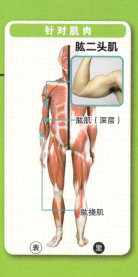

锻炼双臂前面的肌肉

利用肘关节弯曲锻炼双臂前面的肌肉（肱二头肌、肱肌、肱桡肌）。如果手肘的位置变动就会影响到效果，因此虽然是看上去简单的项目，但一定要注意姿势。自己在家练习时，也可以变化成使用哑铃的弯举等进行训练。

手肘后移

虽然打算正确地上提，但是很多人却会出现手肘后移的现象。肘部移动后，关节活动区域就会变小，导致效果下降。

训练项目的变化
Menu
锤式弯举

对肱肌与肱桡肌有效

两手掌向内，以上臂的肘部附近为中心进行训练的项目。肱肌与肱桡肌是主要目标。

❶ 手持弹力绳站立

手抓弹力绳两端，两脚踩住弹力绳。弹力绳的长短根据自己所需的负重进行调节。双脚打开幅度略小于肩宽。双肩放松，目视前方站立。

❷ 屈肘

屈肘。此时注意肘部的位置不能移动。从小手指一侧开始上提弹力绳，这样会对肱二头肌有效。

> 手臂

法式拉举（弹力绳）
French Press

锻炼双臂后侧肌肉

利用肘部的伸展动作锻炼肱三头肌的项目。肱三头肌是占双臂二分之一以上的大肌肉，因此想要打造强壮的手臂不仅要锻炼肱二头肌，还要同时锻炼肱三头肌。这也是在意自己手臂肌肉松弛的女性需要锻炼的一个项目。

第2章 在家就能进行的训练

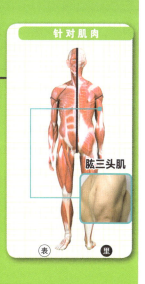

针对肌肉

肱三头肌

表　里

错误

手肘位置移动

手肘位置移动后，受力位置就会由肱三头肌变为肩膀，因此要固定好手肘的位置，并要利用肘部动作拉伸弹力绳。

训练项目的变化 Menu

三头肌后撑

对肱三头肌这一单关节肌有效

踩住弹力绳，利用手肘的伸展动作向后拉伸弹力绳。

❶ 头顶屈肘

双腿打开幅度微小于肩宽，两脚踩住弹力绳。两手抓住弹力绳，并在头顶后方屈肘。

❷ 拉伸手肘

保持1的状态的同时向上拉弹力绳。动作时肘部位置不变。动作收起时也要慢慢地屈肘回到原位。

59

肩上部

耸肩（弹力绳）

Shrug

锻炼肩膀至颈部的肌肉

利用肩胛骨上移的动作锻炼斜方肌上部。斜方肌上部是颈椎病的成因。这一训练有助于我们消除颈椎病。斜方肌有固定头部的作用，因此不论是在体育运动中，还是在格斗、橄榄球比赛中，甚至在利用加减速度摆头的球技中都是非常重要的一部分。

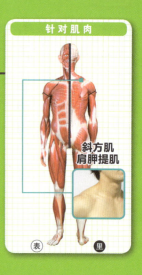

针对肌肉

斜方肌
肩胛提肌

表　里

要点

抬起后暂停

因为是动作较小的训练项目，所以在抬起肩膀后停留1秒钟效果更好。另外，每次运动时都要尽量抬高肩膀。

❶ 手抓弹力绳站立

两手抓住弹力绳两端站立，两脚踩住弹力绳的中心部分。双脚打开幅度略小于肩宽。

❷ 双肩上提

利用斜方肌的力量带动整个肩胛骨与肩膀向上提。弹力绳的长短根据自己所需负重进行调节。

> 脖子

颈部伸展
Neck Extension

容易遗漏的颈部肌肉训练

颈部周围的细小肌群（胸锁乳突肌、头夹肌等）在运动中能够起到固定颈部的作用。不论是在体育运动中，还是在格斗、橄榄球比赛中，甚至在利用加减速度摆头的球技项目中都需要强化颈部肌肉。另外，无论如何打造身体上的肌肉，如果颈部肌肉纤弱，就会使人看起来羸弱，因此在塑造完美的体形时，我们也要注重颈部的锻炼。

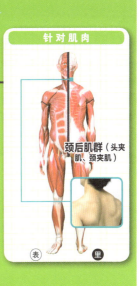

针对肌肉

颈后肌群（头夹肌、颈夹肌）

表　里

第2章 在家就能进行的训练

训练项目的变化
Menu

锻炼侧颈部（侧颈部运动）

锻炼侧颈部肌肉。基本和颈部伸展运动相同，用手用力拉扯毛巾，同时颈部向反方向用力。

锻炼颈前肌肉（颈部运动）

锻炼颈前肌肉的方法。在两手拇指抬起下颚的同时，用力进行抵抗。基本上都是进行强烈的肌肉拉长。

❶ 毛巾搭在脑后

手抓毛巾两端，将毛巾的中央部分放在脑后。向下低头（颈椎屈曲），以颈后侧的肌肉拉伸为起始姿势。

❷ 头部后仰

保持1的状态，两手拉住毛巾的同时头部反向后仰。利用手的力量进行肌肉拉长（负重归位）。

61

专栏

需要**牢记**的训练法

肌肉训练中的很多方法都是通过经验而想出的训练方法，有效地吸收这些经验就是通往高级肌肉训练者的捷径。

▼ 金字塔法

如同它的名字一样，分阶段逐渐提升所需重量，当达到峰值时，反过来逐步减轻重量的一种组合训练法。

具体的项目组合方式是，前半段开始时使用相当轻的负重（50%1RM左右），训练2~3组后逐渐增加至极限重量。

当达到90%~95%1RM的极限重量与极限次数时，以后逐渐以85%1RM、80%1RM等具体形式减轻负重。要点是在达到极限重量后，每组项目都要强化做到极限次数。

金字塔式的优点是能够提高训练强度与训练量。在做接近极限重量时的几组项目时，你的身体还没有感到十分疲倦，因此你还有可能加大力量对肌肉给予高强度的力学刺激。后半部分大多是利用减轻的重量进行的多次训练，因而会使运动量增大，从而增加代谢物的累积与激素的分泌。

打造发达的肌肉需要很多要素。这种方法应该说是能够非常有效地使肌肉"强壮"起来。

逐渐提高负重而后结束的方法称为上升金字塔，逐渐减轻负重而后结束的方法叫做下降金字塔。

▼ 连续减重法

开始设定较重的负重（80%~85%1RM），中间插入短暂的间歇（30秒左右），逐渐让负重降低的反复训练法。

通过开始设定80%1RM，接下来65%1RM，然后是50%1RM的具体方法就能使负重逐渐减轻。

这种方法的优点与金字塔法相同，都能在训练强度、训练量上产生足够的刺激。连续减重法历时短，它会比单纯的下降金字塔产生更多的代谢物累积与激素的分泌。

在进行数组高负重的训练时，我们可以先按正常情况训练，然后只在最后一组中利用连续减重法，分成3阶段对训练进行强化。采用这种方法会对肌肥大产生显著效果。

▼ 超级组合法

进行一个肌肉训练项目的同时交替进行与这个项目的反向关节动作相关的肌肉（拮抗肌）的训练项目。虽然这样不会提高训练强度，但是对于忙碌的人来说，却是一个缩短训练时间的方法。

第3章

健身房中进行的训练（器械篇）

健身器能够让我们轻松掌握正确的运动姿势，而且还能在高重量的负重下安全训练。因此它们是我们在进行"有效的肌肉训练"时值得信赖的伙伴。

胸部

器械推胸

Chest Press

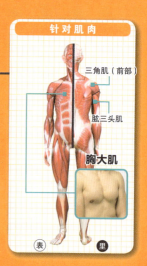

针对肌肉

三角肌（前部）
肱三头肌
胸大肌

表　里

锻炼胸、肩、双臂后侧的上半身基础项目

　　向前推动器械杆，锻炼胸大肌、三角肌（前部）、肱三头肌等上半身肌肉的基础项目。它是使用肩关节的水平内收（向前摆臂）与肘关节伸展的多关节项目。基本与推举、卧推等的训练部位相同。利用器械训练时，轨道是已经设定好的，因此容易使人掌握正确的姿势，而且也很安全。

要点

抓握器械杆时要与前臂保持一直线

　　抓握器械杆的位置要在前臂的延长线上。反手抓握或抓握位置偏离前臂的延长线都会成为手腕受伤的原因。

收拢肩胛骨

　　收拢肩胛骨会使胸大肌强力拉伸，提高刺激程度。一定要让肩胛骨收拢，这是这个项目中最关键的一点。

❶ 收拢肩胛骨，挺胸，肘部拉杆

　　握住器械杆，利用肘部用力拉，在较大的关节活动区域中伸展胸大肌。针对躯干而言，肘部的打开角度以接近90度为宜。要让肩胛骨强力收拢，挺胸。

器械卧推

针对肌肉 主要：胸大肌
次要：三角肌（前部）、肱三头肌

利用器械锻炼上半身

如果健身房里不能做器械推胸，也可以换成是器械卧推。器械的轨道是规划好的，非常安全。

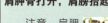

肩胛骨打开，肩膀抬起

注意，肩胛骨打开后胸大肌就会得不到锻炼。躺在器械上时肩膀抬起，证明你的肩胛骨打开了。

❶ 杠铃下落到胸前

两手在肩宽1.5倍的地方握住杠铃杆，使其下落直到胸前。动作的要领是收拢肩胛骨，始终保持挺胸。

❷ 上推杠铃

保持1的状态，同时上推杠铃。与做器械推胸时相同，注意在推时不要打开肩胛骨。

训练项目的变化 **Menu**

第**3**章 健身房中进行的训练（器械篇）

肩膀上提

肩膀上提会使胸大肌的附着走向与运动方向发生偏移，因而很难对其奏效，同时关节的活动区域也会变小。注意，这是经常容易出现的错误。

肩胛骨打开

即便在动作初始时肩胛骨是收拢的，但它也会在推时打开。一定要时刻注意收拢肩胛骨。

❷ 肩胛骨收拢的同时推出器械杆

肩胛骨收拢、挺胸的同时推出器械杆。如果在推时肩胛骨打开，那么就不会对胸大肌产生作用，这点要注意。

胸部

器械扩胸

Chest Fly

集中训练胸大肌的单关节项目

器械推胸是使用肩关节、肘关节的多关节项目。与此相对，器械扩胸则是只利用肩关节的水平内收（向前摆臂）为主的单关节项目。由于它是能够集中对胸大肌进行锻炼的项目，因此与器械推胸相比，它在动作的后半部分也要继续保持胸大肌的紧张状态，是最适合塑造出厚实胸部的项目。

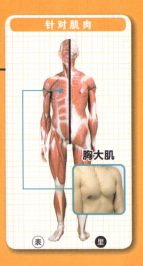

针对肌肉 / 胸大肌 / 表 / 里

要点

紧收肩胛骨

肩胛骨打开时，胸大肌的训练就会失效。因此整个动作中都要收紧肩胛骨。特别是在推出器械时一定要注意肩胛骨是否打开。

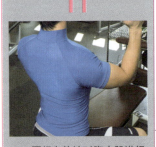

要想有效地对胸大肌进行训练，就要始终收紧肩胛骨。即便在推出器械时也一样。这是要点。

❶ 收紧肩胛骨，挺胸拉肘

握住器械杆后，向后方拉肘。与器械推胸时同样，挺胸、收紧肩胛骨，让胸大肌获得充分的锻炼。

训练项目的变化 Menu

器械扩胸（直臂）

针对肌肉 主要：胸大肌
次要：肱二头肌

伸直手臂进行的扩胸

直臂进行的器械扩胸。这种类型便于用力，而且也不容易出现肩膀损伤，建议选用。

手肘在推出时下落 错误

手肘降低将无法对胸大肌施力，这是造成肘部损伤的原因。手肘的高度要与肩膀和手成一线。

❶ 挺胸拉肘

手握器械杆，保持手肘微微弯曲，向后方拉肘。挺胸，伸展胸大肌。

❷ 两手靠近

这个项目不是用手肘，而是让握着器械杆的两手靠近。整个动作中，肩胛骨都要保持收拢。

肩膀上提 错误

肩膀上提会使胸大肌的附着走向与运动方向发生偏移，因而很难对其奏效。如果选用的重量超过适宜标准，肩膀就很容易上提。这点要注意。

肩胛骨打开

经常会有在推出器械时打开肩胛骨的状况。肩胛骨打开、背部弓起时虽然更便于两手肘贴近，但这对胸大肌无效。

❷ 紧收肩胛骨，两手肘贴近

不要用手推出器械杆，而是以手肘为中心轻推，从而使两手肘贴近。这个项目的特点就是直到最后都不能减轻胸大肌的负重。

胸部

滑轮夹胸
Cable Cross Over

使用滑轮的胸大肌单关节项目

使用滑轮集中锻炼胸大肌的单关节项目。这一项目的特点是，从始至终它都会比器械扩胸更加难以减轻对胸大肌的负重。滑轮训练的轨道是安排好的，因此在后半段感觉疲劳时，可以稍微屈肘减轻负重，这样更会强化肌肉。

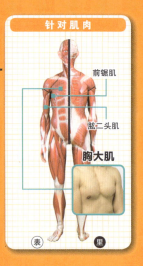

针对肌肉：前锯肌、肱二头肌、胸大肌

要点

充分拉伸手肘

手肘要与手、肩膀成一直线，这样容易用力。要在挺胸、手腕固定不动后再拉伸手肘。

收紧肩胛骨，挺胸

保持收紧肩胛骨、挺胸的状态进行训练，这与其他的胸大肌训练项目相同。紧收肩胛骨对胸大肌很有效。

❶ 抓住把手，张开双臂

将滑轮左右分开，固定在高处。直立拉住器械把手。紧收肩胛骨，挺胸。双臂大幅张开后开始锻炼胸大肌。

滑轮夹胸（向下）

针对肌肉 胸大肌（下部）

对胸大肌下部有效

在滑轮夹胸时手向下方牵引的形式。牵拉对胸大肌下部有效。

检测！

哪只手在下面？

在做夹胸项目时，双手的上下位置不会带来不同的效果，但有些人会因为在意左右手的均等而交替换手。

❶ 滑轮固定在高处

将滑轮固定在比平时略高的位置。上体也要比平时的姿势更直。

❷ 上体直立，滑轮下拉

上体直立，左右手向下牵拉滑轮。要感觉到胸大肌下部的收缩。

第 3 章 健身房中进行的训练（器械篇）

错误

弓背、肩胛骨打开

想要自始至终保持胸大肌受力，结果却容易在动作接近完成时弓背。一旦肩胛骨打开，胸大肌的训练就会失效。

手肘位置较低

手肘位置较低时无法对胸大肌施力，还会提升手肘受伤的风险。手肘的高度要与肩膀和手在一直线上。

❷ 手臂在体前交叉

保持1的状态，然后利用左右手牵拉滑轮，最后使手臂在体前交叉。整个动作过程中要尽量收紧肩胛骨。

> 腹部

腹部弯举
Abdominal Curl

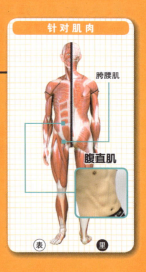

针对肌肉
胯腰肌
腹直肌
表　里

利用器械锻炼腹直肌的基础项目

　　锻炼腹直肌的基础器械项目。利用向前弓背的动作（躯干屈曲）锻炼腹直肌。此项目中也包含从腿根部的股关节处开始上体前屈（股关节屈曲）的动作。因此也能同时锻炼具有股关节屈曲以及骨盆前倾作用的胯腰肌（大腰肌与髂肌）。是希望获得块状腹肌的人必不可缺的训练项目。

❶ 坐好，调节椅子的高度

　　坐好后调整椅子的高度。如果是有脚踏的器械，那么也要调整脚的位置，轻轻握住器械拉杆即可。

滑轮腹部弯举

针对肌肉 腹直肌

使用滑轮锻炼腹直肌

利用滑轮锻炼腹直肌的专用器械。座椅是半圆锥形,以便背部向后弯曲。其特点是容易抓住弓背的感觉。

错误

用手臂力量牵拉滑轮

滑轮远离身体时就容易用手臂的力量去牵拉,这是要注意的。将滑轮固定在胸部附近的位置,利用躯干使其活动。

❶ 抓好滑轮,固定身体

抓好滑轮后要将其固定在胸部的位置。如果能够很好地将其固定在身体上,那么也可以使用其他的抓握方式。

❷ 弓背

保持1的状态,弓背。不要从股关节处进行动作,而是要用躯干动作弓背。

要点

以心窝为中心弓背

腹直肌是与躯干(脊柱部分)的屈曲相关的肌肉。上体不要从腿根部开始前倾,而是要像弓背一样前屈,这是要点。

错误

由股关节处开始前倾

股关节(腿根)活动是胯腰肌在活动,因此这不能锻炼腹直肌。在强化股关节时可以这样做。

❷ 主要利用躯干动作使背部弯曲

保持1的状态,利用以心窝为中心的躯干动作弓背。当目标是腹部肌肉时,尽量不要活动腿根的股关节。

[大腿前部] [臀部] [大腿内侧]

器械深蹲（45度）

Leg Press

锻炼 下半身整体 的代表性器械项目

调动众多腰腿肌肉，下半身器械训练中最为基础而重要的多关节项目。以膝关节伸展与股关节伸展为主要动作，可以锻炼大腿前、后，内转肌群以及臀部。它在健康上能够起到减肥的作用，在体育运动中则能使竞技力提升，是对任何人都能发挥作用的项目。

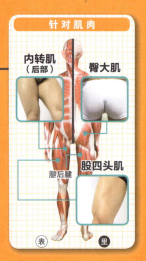

针对肌肉：内转肌（后部）、臀大肌、腿后腱、股四头肌（表・里）

要点

器械下落到膝盖弯曲小于90度

器械深蹲中经常看到很多人使关节活动区域过于狭小。器械下落幅度小时效果就会减低。因以器械下落到膝盖弯曲小于90度为宜。

膝盖内收（错误）

膝盖内收会导致膝盖内侧韧带受伤。因此绝对不要这样做。女性容易出现这种错误。

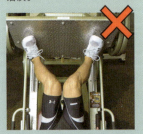

❶ 双脚打开与肩同宽，打开制动器

双脚打开与肩同宽，脚尖在踏板上稍向外打开。在确定了脚的位置以及安全情况后，打开侧面的制动器。脚的放置位置基本上在踏板的中心附近。如果脚放在踏板的上部就会以股关节伸展肌肉（臀大肌、大内转肌、腿后腱）为中心，放在踏板下部则以膝关节伸展肌（股四头肌）为中心承受负重。

训练项目的变化 *Menu*

1. 膝关节深蹲

锻炼膝关节伸展肌
脚的位置低时最适合强化膝关节伸展肌（股四头肌）。

2. 宽幅深蹲

以内转肌为中心
两脚大幅分开能够集中锻炼内转肌（大内转肌）。

3. 水平深蹲

平推深蹲
有些健身房会设置水平深蹲的器械，它们的效果基本相同。

第 3 章 健身房中进行的训练（器械篇）

高效技巧！

手压膝盖

器械深蹲是不用双手的项目，因此我们可以用手按压膝盖进行辅助。这是在感觉疲劳时的后半段训练中可以使用的强化法。大家可以灵活运用。

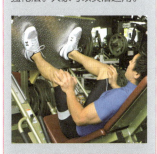

请同伴踩住踏板背面进行强化

让同伴踩住踏板背面施加负重。这样可以使肌肉强烈拉长。而且在肌肉全力承受这一压力时，就会出现强烈的肌损伤。

※这种让人在机器上施加负重的方法在有些健身房是禁止的，要先确认后再实施。

---

❷ 器械下落到膝盖弯曲小于90度

保持1的状态使脚踏板下落，脚踏板下落到膝盖弯曲小于90度为宜。注意，如果关节活动区域过小，那么训练效果也会下降。

大腿前部

腿部伸展
Leg Extension

集中锻炼股四头肌的单关节项目

采用坐姿伸展膝盖，锻炼大腿前部股四头肌的训练项目。与深蹲相比，其特点是即便在膝盖伸展的状态下也能承受负重。由于不需要膝盖过度弯曲，因此是膝关节训练中较为简单的项目。可以在进行了深蹲后，将其作为强化股四头肌的单关节训练项目。

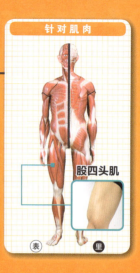

要点

用力牵拉器械杆，保持臀部不要上提

用力牵拉器械杆，使臀部固定在座椅上。如果臀部上提，那么膝屈曲的关节活动区域就会变小，股四头肌将会得不到锻炼。

器械的旋转轴要与膝关节一致

设定座位时，要使器械侧面的旋转轴与膝关节位置一致。旋转轴偏离膝盖就不能顺利地进行训练。

❶ 握住侧面把手，臀部固定

在座位上做好，牢牢抓住身体两侧的把手。训练时用手牵拉把手固定住身体，以防臀部提起。

训练项目的变化 Menu

1. 外旋变化

对股四头肌内侧有效
膝关节与股关节向外扭转，对股四头肌内侧有效。

2. 内旋变化

对股四头肌外侧有效
两脚大幅分开能够集中膝关节与股关节向内扭转，对股四头肌外侧有效。

3. 单脚腿部伸展

空闲的脚可以进行强制助力
单脚训练时，可以用空余的另一只脚作为辅助进行强化。

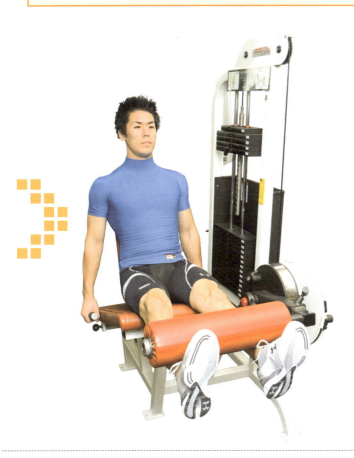

高效技巧！

上体前倾
在最后一组训练或是每组训练的后半部分，当因为疲劳而不能完全伸直膝盖时，我们可以晃动上体，利用反作用力使出最后的力气。

请同伴施压
请同伴用双手压住器械增加负重。这样可以让肌肉强烈拉长，而且还会因为肌肉全力承受这一压力而得到强烈的肌损伤。

❷ 完全伸展膝盖

臀部牢牢坐在座位上，膝盖完全伸展开。很多人在做这个项目时关节活动区域都不够，因此在器械下落时，膝关节的弯曲角度以小于90度为宜。

※这种让人在机器上施加负重的方法在有些健身房是禁止的，要先确认后再实施。

大腿后部

腿部弯举

Leg Curl

锻炼**腿后腱**的单关节训练项目

通过屈膝动作锻炼大腿后部的腿后腱。腿后腱不仅具有使膝盖弯曲的作用，而且它还是让双腿由腿根处向后摆动（股关节屈伸）的双关节肌。它对于跑、跳等众多竞技动作都有着重要作用。另外，在肌力平衡方面，如果此处的肌力比股四头肌弱，那么这里就会成为容易出现肌肉拉伤的部位。

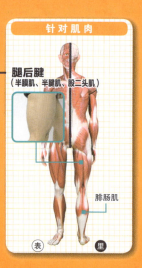

针对肌肉

腿后腱（半膜肌、半腱肌、股二头肌）

腓肠肌

表　里

要点

利用护板固定好大腿

压住大腿的护板一定要强力。如果压力太小，那么膝盖就会在训练中抬起，造成关节活动空间变小，从而使效果减弱。

错误

关节活动区域小

要在膝盖完全弯曲后再推，同样也要等到膝盖完全伸展后再收回动作。如果膝盖没有完全伸展，肌肉只在狭小的区域内活动，那么就只能起到一点儿作用。

❶ 坐好，在脚踝处固定好护板

坐好，设定好脚踝在护板上的施力位置。另外，为了防止训练中膝盖上提，大腿部护板要牢牢压住。

训练项目的变化 Menu

腿部弯举（俯卧式）

针对肌肉 主要：腿后腱
次要：腓肠肌

卧式腿部弯举

躺在器械上进行的项目。由于股关节的伸展（大腿向后摆动），因此与坐姿时相比，这会让肌肉出现一个短暂的运动。

❶ 躺在器械床上

趴在器械床上，护板固定在脚踝的位置。然后两手抓牢两侧的把手。

❷ 屈膝

保持1的状态，然后深度屈膝。利用抓住把手的力量压住身体，注意整个动作腰部要上提。

错误 腰部上提

腰部上提就会使股关节屈曲（大腿前摆），对腿后腱无效。

高效技巧！ 晃动上体，使出最后的力气

在身体后仰时突然向前晃动身体。这是可以使出最后的气力的强化方法。

腿后腱是双关节肌，有着从一个关节向另一个关节传递力量的作用。在这一技巧中，晃动上体的股关节屈曲的力增强了膝关节的屈曲。

❷ 膝盖完全弯曲

保持1的状态，然后完全屈膝。腿后腱是肌力不太强的部位，要注意姿势的正确。

77

大腿内侧

内收

Adduction

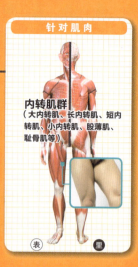

针对肌肉

内转肌群
（大内转肌、长内转肌、短内转肌、小内转肌、股薄肌、耻骨肌等）

表　里

利用器械锻炼内转肌群

利用双腿闭合（股关节内收）的动作锻炼大腿内侧的内转肌群。在运动中，内转肌会在骨盆活动时收紧大腿。而在足球以及格斗中需要踢腿时，内转肌还具有加速踢腿的作用。这一项目是自重项目较难进行的一个，希望大家能够彻底利用器械并灵活地训练。

※两手按压把手可以辅助强制助力

❶ 打开股关节坐好

坐在器械上，打开股关节（股关节外展），将护板固定在膝盖内侧位置。

❷ 彻底闭合股关节

保持1的状态，然后彻底闭合股关节（股关节内收）。彻底闭合才能带来更大的关节活动区域。

> 臀部

外展

Abduction

利用器械锻炼臀部、大腿外侧肌肉

利用双腿打开（股关节外展）的动作锻炼上臀部外侧（臀中肌）以及大腿外侧（阔肌膜张肌）。股关节的外展肌力会影响运动时双腿外踢的动作。而锻炼上臀外侧还有提臀的效果。这是自重项目中较难进行的一个，因此我们要利用器械好好锻炼。

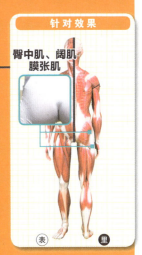

针对效果
臀中肌、阔肌膜张肌
表　里

第3章 健身房中进行的训练（器械篇）

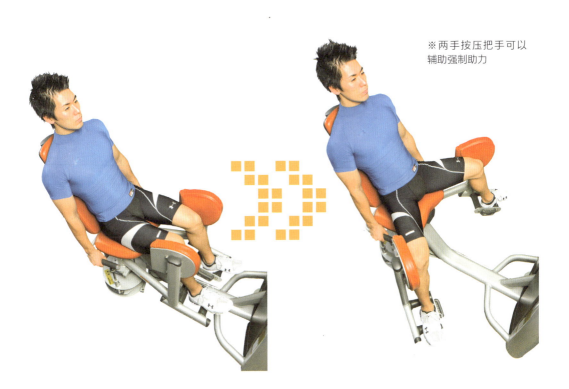

※两手按压把手可以辅助强制助力

❶ 闭合股关节坐好

坐在器械上，闭合股关节（股关节内收），在膝盖外侧位置固定好护板。

❷ 完全打开股关节

保持1的状态，然后彻底打开股关节（股关节外展），彻底打开股关节才能带来更大的关节活动区域。

| 臀部 | 下背部 | 大腿后部 |

背部伸展

Back Extension

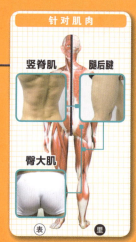

针对肌肉：竖脊肌、腿后腱、臀大肌

锻炼**下背部、臀部、大腿后部**的器械训练

利用弯曲背部的躯干伸展动作和股关节伸展动作，对竖脊肌、臀大肌、腿后腱进行锻炼。强化具有伸展躯干作用的竖脊肌，对于运动和日常生活都大为重要。不仅是身体的正面与背后，臀部以及大腿后部等背面肌肉也要得到均衡的锻炼。

要点

扩大关节活动区域

为提高效果，要在较大的关节活动区域内进行训练。后仰要充分，起身时也同样要充分前倾。

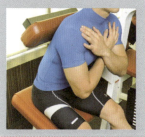

器械的旋转轴要与股关节一致

坐下时要保证器械的旋转轴与股关节一致。如果旋转轴与股关节偏离，动作就会不顺畅。

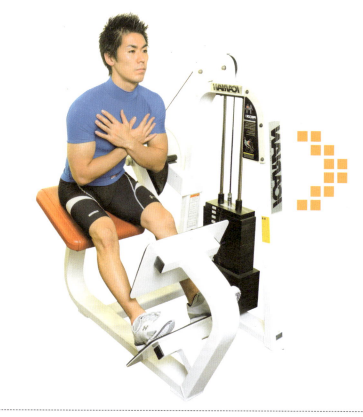

❶ 双手贴胸，上体前倾

在器械上坐好，设定好背后护板的高度。双手交叉贴在胸前。背部不要过分弓起，上体前倾。

背部伸展（滑轮）

针对肌肉 竖脊肌、臀大肌、腿后腱

利用滑轮的变化项目

利用坐姿滑轮划船锻炼的方法。为了彻底地锻炼腿后腱而使用的对大腿后部更加有效的项目。

❶ 抓住器械杆上体前倾

抓好器械拉杆后，上体前倾。此时注意不要弓背。

弓背

牵拉滑轮时弓背会造成腰部损伤。因此在训练时后背要挺直。

❷ 上体后仰

保持背部肌肉挺直，牵拉滑轮时肘部要伸直，上体后仰。

关节活动区域小

关节活动区域小会降低效果。不仅是后仰时，如果在动作归位时上体也没有充分前倾，那么关节活动区域就不会加大。

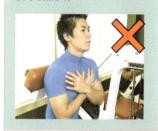

利用手强制助力 （高效技巧！）

手放在膝盖上辅助训练可以为最后一组训练或每组训练的后半段增加强制助力，从而强化肌肉。

❷ 上体后仰

双脚用力踩住踏板使上体后仰。后仰程度要达到使后背与双脚都能伸直才可以。

| 腿肚 |

提踵

Calf Raise

利用器械锻炼腿肚后部肌肉

利用脚尖站立的动作锻炼具有脚踝伸展（足关节底屈）作用的小腿三头肌（腓肠肌、比目鱼肌）。小腿训练的代表项目。器械训练的负重会比自重训练的更大，因此效果也越好。它还能对腓骨长肌、腓骨短肌、拇指长屈肌、趾长屈肌、胫骨后肌等小腿肌群进行刺激。

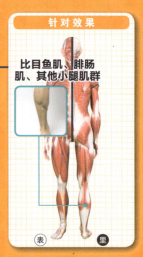

针对效果

比目鱼肌、腓肠肌、其他小腿肌群

表　里

要点

脚踝充分弯曲，获得更大的关节活动区域

脚踝用力前曲，直到小腿感到被拉伸为止。脚跟用力向下会获得更大的关节活动区域，同时也会提升训练效果。

错误

膝盖弯曲

膝盖弯曲后，腓肠肌这一双关节肌就会短暂松弛，训练效果就会降低。

❶ 弯曲脚踝，拉伸腿肚

在双肩放上护板，双膝伸直，脚踝前曲。再用力弯曲脚踝时，腿肚上的小腿三头肌会得到锻炼。

训练项目的变化 Menu

提踵（器械深蹲器）

针对肌肉　主要：比目鱼肌、腓肠肌
　　　　　　次要：其他小腿肌群

用器械深蹲器替代训练

如果健身房中没有提踵器械，那么可以使用深蹲器械替代。

❶ 脚尖放在踏板下方

两脚尖放在踏板下方，膝盖要伸直。

❷ 伸展脚踝

与一般提踵时相同，脚踝要彻底伸展，脚尖立起。刺激小腿三头肌。

高效技巧！

利用单脚进行强化

单脚训练可在每组训练的后半段感到疲劳时使用，用另一只空余的脚辅助强化。

高效技巧！

单脚提踵

单脚训练会增加负重。单脚训练时，通过动作增大关节活动区域非常重要。左右两脚保持好平衡，并要完成同样的训练次数。

利用空闲的脚强制助力

空余的脚轻轻着地能够进行强制助力。只有在单脚上提时，空余的另一只脚才能对于进行辅助。

❷ 伸展脚踝，脚尖立起

保持1的状态，立起脚尖。保持膝盖伸直，加强对作为双关节肌的腓肠肌的刺激。

上背部

常规下拉
Lat Pull Down

利用滑轮锻炼**上背部（外侧）**肌肉

利用滑轮锻炼上背部外侧的背阔肌、大圆肌。锻炼身体后部肌肉对于改善姿势、塑造优美的形体尤为重要。对于男性而言，背部也是让你形成倒三角身材的一部分，在进行同样能够锻炼上背部肌肉的自重项目引体向上（悬垂）时，可以用这一项目进行替代。

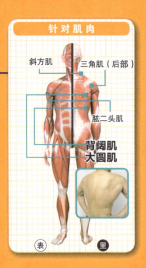

针对肌肉：斜方肌、三角肌（后部）、肱二头肌、背阔肌、大圆肌

要点

扩胸、收紧肩胛骨

扩胸、收紧肩胛骨的同时牵拉器械，这是让背阔肌得到有效锻炼的要点。身体微微后仰，然后再从斜前方牵拉。

检测！

使用固定皮带或强力把手

只有手臂能够看到效果的人可以使用固定皮带或强力把手。利用握力辅助时，手臂的力量会减弱，这样更能意识到背阔肌的收缩。

❶ 两手张开，握住器械拉干

在器械上坐好后，利用护板牢牢固定大腿。手臂大张，握住器械拉杆。手臂张开幅度约为肩宽的1.5倍。

训练项目的变化 Menu

1. 颈后下拉

增加对大圆肌、斜方肌的刺激
上体微微弓起就会减轻对背阔肌的刺激，增加对大圆肌、斜方肌的刺激。

2. 反手下拉

增加对背阔肌下部的刺激
反手握住拉杆时，由于两手打开幅度变小，因此对背阔肌下部的肌肉更有效。

3. 锻炼整个背部

锻炼整个背部
背部后弯的同时向腹部牵拉器械杆。可以锻炼以背阔肌下部为中心的整个背部。

第3章 健身房中进行的训练（器械篇）

错误

肩膀上提
肩膀上提会使肩关节的关节活动区域变小，只对斜方肌奏效。

弓背，器械杆下拉至腹部

弓背会使背阔肌得不到锻炼。另外，即便器械杆下拉至腹部也不会对背阔肌奏效。

高效技巧！

上体后仰晃动
上体后仰，然后顺势牵拉可以进行强制助力。灵活进行强化吧。

❷ 下拉器械杆至颈部

保持1的状态，将器械杆下拉至颈部。牵拉时要挺胸，收紧肩胛骨。没必要拉到颈部以下。

上背部

坐姿划船
Seated Rowing

利用滑轮锻炼上背部中央的肌肉

牵拉滑轮锻炼上背部。常规下拉也是对上背部的锻炼，但主要是针对外侧肌肉的锻炼。划船动作则是针对上背部中央部分进行的锻炼。后背对于体育运动来说也是十分重要的部位。这一项目在日常生活中也能起到改善姿势等作用，因此不仅要注重身体正面，也要注重后面的锻炼。

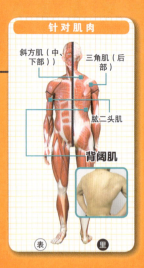

针对肌肉：斜方肌（中、下部）、三角肌（后部）、肱二头肌、背阔肌

表　里

要点

保持背部后弯

要锻炼背阔肌，就要保持背部后弯。弓背对锻炼背阔肌无效。注意，动作复原时最容易出现弓背。

上体前倾，增大关节活动区域

滑轮复位时上体前倾。这样会增大肩关节的关节活动区域。但在上体前倾时不能保持背部后弯，训练就会无效。

❶ 保持背部后弯，上体前倾

双脚放在踏板上。两脚打开与肩同宽，双膝微曲。两手握紧器械把手，保持背部后弯，上体前倾。

坐姿划船（长杆）

针对肌肉 主要：背阔肌（上部）、斜方肌
次要：肱二头肌等

对背阔肌上部与斜方肌起效

上臂动作近似于水平牵拉（肩关节水平外展），增加背阔肌上部的负重。收紧肩胛骨也会刺激斜方肌。

训练项目的变化 Menu ❶

❶ 双手握住器械拉杆，双臂打开幅度大于肩宽

手握拉杆，双臂打开幅度大于肩宽。重点是在握住长拉杆时打开肩胛骨，拉伸斜方肌。

❷ 牵拉器械杆到腹部

在牢牢收紧肩胛骨的同时，将器械杆牵拉至腹部。注意增大关节活动区域。牵拉器械杆的同时注意上体不要后仰。

训练项目的变化 Menu ❷

坐姿划船（器械）

利用器械进行的项目。对以背阔肌、斜方肌为中心的肌肉进行刺激，动作要点与滑轮相同。

向胸部牵拉，肩膀上提

向胸部牵拉把手不会对背部有效，而只会对手臂有效。因此要向腹部牵拉把手。另外，有人在向胸部牵拉把手时容易向上提肩，因此要注意。

上体后仰

上体后仰会使肩关节的关节活动区域变小，因而不会对背阔肌产生效果。动作复原时也要保持背部后弯，以股关节为轴心，上体前倾。

❷ 背部后弯，牵拉把手至腹部

背部后弯，同时牵拉把手至腹部。注意上体不要后仰。牵拉把手直到手肘与体侧成一线，这样才会对背阔肌有效。

肩部

肩膀推举
Shoulder Press

利用器械锻炼三角肌的基础项目

以肩关节外展（双臂上举）与肘关节伸展动作作为主体的多关节训练项目。主要锻炼肩膀侧面的三角肌。包裹住肩膀的三角肌具有使手臂向各个方向摆动的作用，在所有的运动动作中都会被用到。另外，三角肌还是让人衣装合体的不可欠缺的部位。

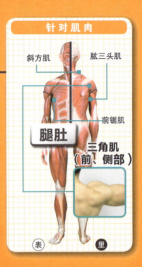

针对肌肉：斜方肌、肱三头肌、前锯肌、腿肚、三角肌（前、侧部）

要点

肩膀下沉，上推器械杆

锻炼三角肌时要注意不要耸肩，利用肘部上推器械杆。耸肩会让斜方肌上部负重加剧。

错误

浅坐，上体倾斜

浅坐时上体会出现一定角度的倾斜，这时不会锻炼三角肌，而会锻炼胸大肌。注意，背部后弯过大容易损伤腰部。

❶ 调节座椅高度，握住器械杆

调节好座椅高度后，深坐，抓牢器械杆。注意，座椅太低会使关节活动区域变小。同时也要注意，背部不要过度后弯。

训练项目的变化 Menu ❶

下斜式滑轮卧推

针对肌肉 主要：胸大肌（上部）
次要：三角肌（前部）、前锯肌、肱三头肌

对胸大肌上部有效

斜上方施力的器械。能给胸大肌上部施加强烈负重。

错误

肩部上提，肩胛骨张开

上推拉杆时，如果肩部上提，肩胛骨就会张开，这样的训练不会对胸大肌有效。

❶ 挺胸，肘部牵拉

挺胸，保持肩胛骨收紧并利用肘部牵拉。与一般的卧推动作要点相同。

❷ 上推器械杆

收紧肩胛骨的同时上推器械杆。注意在整个动作中，肩胛骨都不能打开。

训练项目的变化 Menu ❷

肩膀推举（短杆）

针对肌肉 主要：三角肌（前部）
次要：斜方肌、前锯肌、肱三头肌

对三角肌前面有效

握住器械拉杆内侧时腋下就会收紧，因此能够锻炼三角肌前部。动作要点与普通肩膀推举相同。

❷ 向上举起器械杆

保持1的状态，将器械拉杆举过头顶。注意肩膀不要上提，利用肘部进行上举。在整个动作中，背部不要过于后弯。

第 3 章 健身房中进行的训练（器械篇）

肩部

滑轮侧平举
Cable Side Raise

利用拉伸位置锻炼三角肌

利用手臂侧举（肩关节外展）动作锻炼三角肌。与肩膀推举相比，肩膀侧面与稍后的部位会承受负重。这个项目最大的优点是，即便三角肌伸展（手臂下落）时也依然会受力。由于是在对于促进肌肉发达非常重要的拉伸位置施加负重，因而会达得更好的效果。

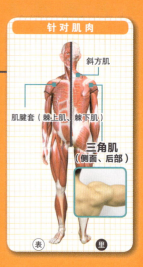

要点

肩膀下沉，手肘上提

要点是在动作中肩膀要下沉。肩膀上提时三角肌不会受力，转而会对斜方肌产生刺激。

在拉伸位置感受负重

要点是能在三角肌的拉伸位置（手臂下落位置）感受到肌肉的收缩。这是自重侧平举所没有的优点。

❶ 站立单手抓握滑轮

背对滑轮器械站立，双脚打开程度略大于肩宽。单手握住滑轮把手，另一只空余的手扶腰。

训练项目的变化 Menu

1. 滑轮侧平举（双手）

两手同时锻炼

利用两个滑轮可以两手同时锻炼，非常高效。

2. 滑轮前举

锻炼三角肌前部

对三角肌前面有效。与哑铃前举相比，它不会减弱拉伸位置的负重，这是其特点。动作要点与侧平举相同。

3. 滑轮后举

锻炼三角肌后部

对三角肌后部有效。不会减弱拉伸位置的负重是其特点。打开肩胛骨进行动作。

第3章 健身房中进行的训练（器械篇）

❷ 肩膀下沉，手臂上举

肩膀下沉，手臂上举至水平状态。为了锻炼三角肌，注意在整个动作中都不能耸肩。

错误

肩膀上提

在肘部上提的同时，肩膀上提会转而刺激斜方肌。注意肘部上提时肩膀要下沉。

高效技巧

屈肘进行强制助力

屈肘时会因为杠杆作用减轻肩关节的受力。当后半程感到疲劳时，利用曲肘进行强化能够获得更好的训练效果。

手臂

手臂弯举

Arm Curl

利用器械锻炼肘屈曲肌群

利用曲肘动作锻炼肘屈曲肌（肱二头肌、肱肌、肱桡肌）。手臂前摆（肩关节屈曲）会使肱二头肌这个双关节肌短暂放松，因此就使肱肌与肱桡肌成为了锻炼目标。利用器械训练时较容易掌握正确姿势。

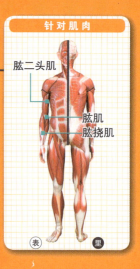

针对肌肉
- 肱二头肌
- 肱肌
- 肱桡肌

表　里

❶ 坐姿，握住器械杆

深坐，握住器械杆。为了让姿势稳定，要在上臂后面加上护板牢牢固定。

❷ 器械杆上扬

以手肘为支点使器械杆上扬。注意不要让手肘移位或者腰部抬起。只有手肘以下的肌肉能够运动。

错误

上提移动，关节活动区域变小

假如上体移动或腰部抬起，上臂就不会完全受力。注意只能用肘屈曲肌的力量使器械杆上扬。

上体移动时手肘没有拉伸，因此肌肉的关节活动区域就会减小，因此效果不大。注意固定上体，增大关节活动区域。

手臂

下压（滑轮）
Press Down

利用滑轮锻炼肱三头肌

利用滑轮在手肘伸展时施加负重，锻炼肱三头肌。肱三头肌是占据上臂一半以上的大面积肌肉，因此要打造粗壮的手臂，不仅要锻炼肱二头肌等手臂前面的肌肉，还要注意强化手臂后面的肌肉。很多滑轮器械在改变了把手的形状后会产生不同的效果。

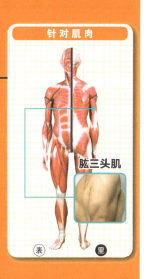

针对肌肉 / 肱三头肌 / 表 / 里

第3章 健身房中进行的训练（器械篇）

高效技巧！
打开手肘获得强制助力

打开手肘用力推器械杆时可以轻松地进行重复训练。在训练感到疲劳时，可以为了强化而使用这一技巧，会获得极大的效果。

训练项目的变化 Menu

改变把手形状

很多滑轮器械的拉杆可以改变形状。手肘疼痛的人有时可以尝试通过改变拉杆形状消除疼痛。

❶ 屈肘，手握器械杆
握住连接滑轮的拉杆，手肘弯曲。两手打开幅度略小于肩宽。

❷ 手肘拉伸
保持1的状态，利用手肘进行拉伸，要保持手肘位置不变。固定上体，注意只有手肘以下能够运动。

专栏

好用的训练诀窍

肌肉训练中有着很多训练技巧，它们各自拥有不同的特点。我们可以通过自己的目的与喜好挑选使用不同的技巧。

▼ 拉长收缩训练

在肌肉拉伸的同时对其施力的拉长收缩会比在肌肉收缩的同时对其施力的缩短收缩发挥更加巨大的力量。这是它的生理特性。

也就是说，在一般的肌肉训练中，在负重下落、肌肉拉长时会残留更多的力量。拉长收缩训练就是为了不残留力量而增大负重的方法。

其做法一般分为两种。一种方法是请同伴向上提举1RM以上（120%1RM）的力量，然后靠自己的力量使其下落。另一种方法是请同伴在器械下落、肌肉拉长时徒手施加负重。两种方法都能出现强烈的肌损伤与肌肉痛。

▼ 加压训练

利用专用皮带绑住四肢根部，在限制血流的同时进行训练的方法。血流受限时会促进代谢物的累积与激素的分泌、形成缺氧状态。这是其特点。因为没有使用较大的负重，所以没有在力学上对肌肉施加过大压力。

▼ 慢速训练

利用较轻负重（50%1RM）缓慢进行训练的方法。

由于肌肉会持续变硬，所以会出现血流受限等与加压训练相似的效果。听到"慢速"时，会给人一种轻松的感觉，但实际上正确进行这种训练时，它会比一般的肌肉训练更加严酷，可以说它是以精神力为主的艰苦训练。

请同伴在器械下落时徒手施加负重的拉长收缩训练

第4章

健身房中进行的训练（自由力量篇）

肌肉训练中能够获得最好锻炼效果的就是使用自由力量进行的训练。它对增进健康、减肥等也有很好的效果，因此女性也可以尝试。

> 胸部

杠铃卧推

Bench Press

上半身基础项目

平躺在器械上进行杠铃推举的上半身基础项目。对肩关节（水平内收）与肘关节（伸展）施加负重，锻炼以胸大肌为中心的三角肌（前部）、肱三头肌。是众多自由重量项目中最受欢迎的一项。看上去虽然简单，但是实际训练中却很难做到姿势正确。

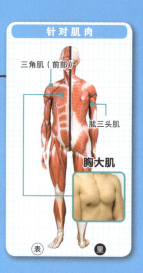

针对肌肉
三角肌（前部）
肱三头肌
胸大肌

要点

收紧肩胛骨，保持挺胸

假如上体移动或腰部抬起，上臂就不会完全受力。注意只能用肘屈曲肌的力量使器械杆上扬。

注意，手肘探出时，肩胛骨会打开，很多人会肩膀上提。一旦肩膀上提，训练就会对胸大肌失效，而且也无法操控沉重的杠铃。

❶ 抓住架好的杠铃

抓住杠铃，双手打开幅度约为肩宽的1.5倍。从支架上取下杠铃。在动作开始前要确定收紧肩胛骨、挺胸。整个动作中，臀部不要挺起。

桥式杠铃卧推
（臀部上提）

高效技巧！

使关节活动区域变小，使用较大重量进行

臀部提起会使关节活动区域变小，上推的方向也会稍微向下，因此要增加使用重量。利用极限重量来进行强化。

抬起臀部，推举杠铃

臀部上提，推举杠铃。动作中也要注意收紧肩胛骨、挺胸。通常这一项目中臀部上提是错误的，但它却可以用在进行强化时。要在杠铃下落时高高抬起臀部。

检测！

手腕立起是错的！

抓握杠铃时"手腕立起"会很难抓稳杠铃。因此手腕不用勉强立起。

❷ 保持挺胸，上下推举杠铃

保持挺胸，并上下推举杠铃。杠铃下落的位置在乳首或稍下方为宜。另外，如果在杠铃下落时触碰到前胸后再举起，那么就会减弱训练效果。

错误

杠铃的位置偏离前臂延长线

手腕没有立起，因此抓握杠铃时，杠铃没有处于前臂的延长线上，这时手腕就会受力，因而很容易受伤。如果感到手腕疼痛，请确定杠铃的位置。

如果将杠铃固定在前臂的延长线上，那么手腕就不会轻易受伤，推举动作也会稳定。杠铃卧推是需要使较大重量的项目，因此要留心不要受伤。

第 **4** 章　健身房中进行的训练（自由力量篇）

> 胸部

变相卧推

Variation of Bench Press

效果各异的多种卧推

基础项目中的卧推有着丰富多样的变化项目。这些变化形式的效果各异，可以结合自身的目的进行选择。

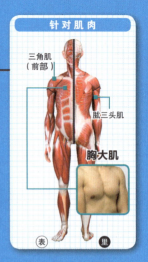

针对肌肉
- 三角肌（前部）
- 肱三头肌
- 胸大肌

表　　里

下倾卧推

针对肌肉 主要：胸大肌（下部）
次要：肱三头肌

锻炼胸大肌下部

下倾卧推会对胸大肌下部施重。可以采用双脚踩在器械床上的方法进行，也可以使用专用的下倾台。

❶ 双脚踩在器械床上

两脚踩在器械床上，膝盖直立、并拢。此时注意保持平衡。

❷ 杠铃下落到心窝处

保持杠铃垂直运动，杠铃下落在心窝附近。因为要有很强的下压力，因此要使用比平时更重的杠铃。

倾斜卧推

针对肌肉 主要：胸大肌（上部）
次要：三角肌（前部）、肱三头肌

锻炼胸大肌上部

向斜上方推举会对普通卧推中难以刺激到的胸大肌上部进行集中锻炼。这是适合打造形状优美的胸大肌的项目。

❶ 躺在器械上

将可调节器械座椅设定成45度。杠铃架放在头后方，便于取下杠铃。

❷ 杠铃下落至锁骨处

双手打开幅度约为肩宽的1.5倍。垂直举起杠铃，杠铃下落到锁骨处。

哑铃卧推

针对肌肉 主要：胸大肌
次要：三角肌、肱三头肌

增大关节活动区域

使用哑铃时，手肘会比使用杠铃时降得更低，因此能够增加关节活动区域。哑铃的使用重量下降至杠铃的90%。

要点

沉重哑铃的定位方法

选用加大重量的哑铃会很难固定它的初始位置。这时可以把哑铃放在双膝上，然后抬起膝盖来定位。

❶ **牵拉手肘**

躺在器械床上，固定好哑铃。为了加大关节活动区域，要竭尽全力牵拉手肘，这样才能锻炼胸大肌。

❷ **上举**

用力举到最上方。有人会在上举时碰撞哑铃，这样除了有节奏感外毫无意义。

短距卧推

针对肌肉 主要：肱三头肌
次要：胸大肌、三角肌（前部）

锻炼肱三头肌

与普通的卧推相比，双手握住杠铃的幅度要变窄，这样主要锻炼肱三头肌。对于胸大肌的刺激会减少。

❶ **双手打开幅度与肩同宽**

握住杠铃，双手打开幅度与肩同宽。手臂张开幅度变小后会强烈刺激肱三头肌。

❷ **推举杠铃上下运动**

杠铃下落时的位置在乳首附近。使用重量为平时使用杠铃重量的70%~80%。

抬腿卧推

针对肌肉 主要：胸大肌
次要：三角肌、肱三头肌

保持运动姿态的方法

由于双脚悬空没有支撑，所以姿势很难稳固，因而这一运动姿势极难保持。因为身体不能后弯会很难收紧肩胛骨，所以要用力挺起胸。

❶ **抬起双脚躺在器械床上**

要点与卧推时相同。因为很难收紧肩胛骨，所以为了达到锻炼胸大肌的效果，要有意识地挺胸。

❷ **上下推举杠铃**

保持1的状态，推举杠铃上下运动。由于后背不能弓起，所以杠铃使用重量要下降至平时的95%。

> 肩部　胸部

撑体

Dips

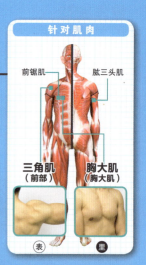

利用自重锻炼胸、肩、手臂

利用自重强化身体的多关节项目。主要对胸大肌下部、三角肌前部、肱三头肌进行锻炼。是有着"上半身深蹲"之名的困难项目，是很多格斗家的最爱。利用短距（双手打开幅度与肩同宽）扶手进行训练能够有效锻炼肱三头肌，因此也有很多人把它作为锻炼肱三头肌的主要项目。

要点

保持上体前倾

上体前倾会对目标肌肉胸大肌更为有效。屈膝能够使上体更容易前倾，而且也容易保持身体平衡。

扶手要与上臂在同一线上

扶手与上臂处于同一延长线上时，不仅可以防止手腕受伤，而且也容易用力。如果手腕偏离延长线，那么身体的自重就会落在手腕处，这是错误的。

❶ 两手握住扶手，身体上浮

两手握住扶手，身体上浮。膝盖自然弯曲、上体前倾、保持平衡。通常撑体时的双臂打开幅度略大于肩宽。

短距撑体

针对肌肉 主要：肱三头肌
次要：胸大肌（下部）、三角肌（前部）、前锯肌锯筋

以肱三头肌为中心的锻炼方法

这种方法会收紧腋下，主要对肱三头肌进行锻炼。

要点

上体挺直

短距撑体时，上体不要前倾。挺直身体会让重量都集中在肱三头肌，训练也会更有效。

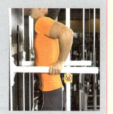

① 握住扶手，收紧腋下

抓住短距撑体器械的扶手。如果是"八"字形扶手，那就握住扶手前方。

② 上体直立下沉

保持①的状态，身体下落至上臂呈水平状态。注意在短距撑体时，上体直立，不要前倾。

高效技巧！

悬垂重物增加负重

自重不够的人可以在身上绑上加重皮带，悬垂重物增加负重。皮带也可以换成是柔道时的带子，但要注意安全。

请同伴抓住双脚

请同伴抓住双脚后负重会减轻，从而可以进行强制助力。如果没有同伴，那么可以利用踢东西的方法减轻负重。

② 前倾同时下沉

保持上体前倾的同时身体下沉。身体下沉的幅度以手肘弯曲呈90度，上臂与地面平行为宜。

胸部

哑铃仰卧飞鸟
Dumbbell Fly

拉伸胸大肌的单关节项目

对胸大肌进行集中训练的单关节项目。关节活动区域大时可以让胸大肌进行拉伸，因此能够获得强烈的肌损伤以及肌肉痛。在卧推等项目后，最适合用胸大肌项目作为收尾。靠背设定为倾斜30~45度也是针对胸大肌上部的一种训练方法。

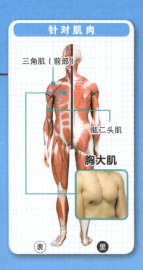

针对肌肉：三角肌（前部）、肱二头肌、胸大肌
表　里

❶ 手臂侧开
平躺在扁平器械床上，手肘稍微伸展，两臂横向打开。让胸大肌受到强烈拉伸。

❷ 哑铃上举
向上举起哑铃。与卧推要点相同，训练中始终收紧肩胛骨。

要点

保持肩胛骨紧收

动作中要收紧肩胛骨、挺胸，这是对胸大肌奏效的要点。在双臂闭合时，注意肩胛骨不要打开。

高效技巧！

利用推举强制助力

手肘深弯，使哑铃接近身体，以推举的方式进行会感觉很轻松。因此可以利用这种方式进行强制助力。哑铃接近身体时上举，远离身体后下落。

手臂 上背部 胸部

哑铃拉举
Dumbbell Pull Over

利用纵向运动锻炼胸大肌

与卧推进行的肩关节的横向运动（水平内收）相反，这是利用纵向运动（伸展）锻炼胸大肌的项目。除胸大肌外，背阔肌、大圆肌、胸小肌、肱三头肌都能获得大幅锻炼。这一项目也非常适合用来强化头顶摆臂的投球动作。另外，容易肩膀脱臼的人训练时要小心。

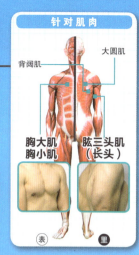

针对肌肉
背阔肌　大圆肌
胸大肌　肱三头肌
胸小肌　（长头）
表　　　里

第4章 健身房中进行的训练（自由力量篇）

❶ 固定哑铃
垂直于扁平器械床仰卧，两手托住哑铃并固定在胸部上方的位置。

❷ 哑铃下落
伸展手臂并使哑铃向后方落下。下落时要感受到胸大肌的适度拉伸。

要点

托住哑铃片
不要抓握哑铃杆，而是要托住哑铃片。手掌叠放，从内侧托住哑铃片。托住哑铃时，左右手的拇指要形成三角形。

屈肘强制助力　**高效技巧！**
屈肘后上举会更轻松，因此可以用这种方法进行强制助力。在感到疲劳时就试试这种强化方法吧。

腹深部 腹部

斜卧起坐

Decline Sit up

锻炼腹直肌与胯腰肌的基础项目

就是平时所说的腹肌运动。固定双脚进行仰卧起坐。训练时会同时进行弓背（躯干屈曲）与腿根部的弯曲（股关节屈曲）动作，因此能够锻炼腹直肌（躯干屈曲肌）与位于下腹部深层的胯腰肌（股关节屈曲肌）。胯腰肌对跑、跳等动作有着巨大的影响。

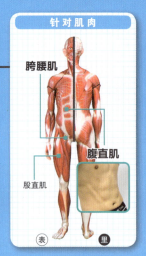

针对肌肉

胯腰肌　腹直肌　股直肌

表　里

要点

弓背起身

以心窝为中心弓背并起身。弓背会让作为躯干屈曲肌的腹直肌得到有效的锻炼。

错误

起身时背部伸展

背部伸展后，腹直肌就不会得到有效锻炼。而且也会增加腰部受伤的风险。伸展背部能够锻炼胯腰肌，但这却不是一个好的训练方法。

❶ 躺在倾斜的仰卧起坐床上

双脚搭在倾斜的仰卧起坐床上躺好。双脚要牢牢贴住护板，左右手放在耳旁。

扭转起坐

针对肌肉 外腹斜肌、腹直肌

对腹斜肌群施加负重

扭转的同时坐起，对内腹斜肌、外腹斜肌等施加负重。对外腹斜肌尤其见效。

❶ 仰躺在器械床上

　　双脚搭在倾斜的器械床上，身体仰躺。动作开始时与一般仰卧起坐相同。

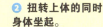

❷ 扭转上体的同时身体坐起。

　　一定要在开始坐起时就扭转。

要点

起身的同时开始扭转

上体坐起后再扭转就不会对目标腹斜肌形成压力，因此要在坐起的同时扭转。

高效技巧！

怀抱杠铃片增大负重

如果调整了器械床的角度后仍然感觉自重不足，那么可以在胸前放上杠铃片，这样就能增大负重了。

请同伴帮助增加负重

可以请同伴拉住自己的肩膀增加负重。全力承受同伴施加的拉力，就能在肌肉被强烈拉长时施加负重并进行训练了。

❷ 躬身坐起

弓起身体坐起。不要摆臂，会增加反作用力。如果坐起困难，可以下调倾斜床的角度。

腹部

仰卧提腿
Lying Leg Raise

针对腰部进行的轻负重强力拉伸项目

仰卧提腿是固定上体、利用双腿的重量锻炼腹肌的项目。采用正确姿势进行训练时，躯干（腹直肌）承受的负重会比股关节（胯腰肌）更大。另外，这一项目单靠自重就会产生强大的负重，因此极容易使腰部受伤。由于整个腹直肌会被全面拉伸，所以出现的肌损伤以及肌肉痛会更加强烈。

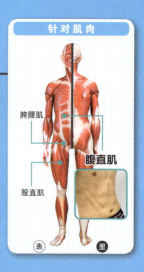

针对肌肉
胯腰肌
腹直肌
股直肌
表　里

要点

足尖的运动轨道要远

进行正确的动作时，足尖划出的轨道会更远。一旦腰部下陷，足尖的轨迹就会变小。

腰部抬起，利用躯干进行动作

双腿下落时要保持腰部处于高位，不利用股关节，而是以心窝为中心，利用躯干带动双腿运动。

保持股关节屈曲

始终保持腰部上提、股关节屈曲。利用后弯躯干对腹肌进行拉伸。

❶ 双腿连同臀部一起上提

仰卧时，臀部要完全脱离器械床。两手抓住器械床两侧，交叠的双腿要连同臀部一起高高抬起。

❷ 利用躯干带动双腿下落

不要使用股关节（腿根），要利用躯干（脊柱）带动双腿下落。保持臀部始终高高提起。

吊挂提腿

针对肌肉 腹直肌、胯腰肌、股直肌

悬挂进行的拉伸训练

特点是即使是在抬起双腿的位置，负重也不会减轻。缺点是在拉伸位置时，承受的负重会减轻。

要点

整个动作中腹肌不能无力

即便是双腿下落时也要保持股关节屈曲，这是使腹肌的拉伸效果提升的关键。

① 悬挂在器械拉杆上

悬挂在器械拉杆上，双腿轻轻上提。在这一阶段要使股关节屈曲，使躯干得以拉伸。

② 以躯干为轴，双腿上举

弓起背部（躯干屈曲），双腿上提。注意尽量不要使用腿根部的股关节。

③ 背部后弯，拉伸腹肌

保持股关节屈曲，同时背部后弯，拉伸腹直肌。此时注意，除了手和肩膀外的身体其他部分都要提起，不要接触器械床。

错误

臀部下陷

注意，臀部下落就会变成以股关节为主导的动作，这样就不能锻炼腹肌。而且还会增加损伤腰部的风险。

高效技巧！

在脚踝处增加重量

利用脚踝增重器具增加负重。但这一项目单靠自重已经极有难度，因此这只是针对中高级训练者的技巧。

腹部

侧屈

Side Bend

加大负重，锻炼腹斜肌群的腹肌项目

背部侧弯（躯干侧屈），锻炼侧腹的腹内斜肌、腹外斜肌。能够锻炼位于深层的腰方肌。在腹斜肌中，腹外斜肌位于表面，腹内斜肌位于其内，它们具有躯干侧屈与回旋（扭转）的作用。锻炼躯干部位能够对一切体育动作进行强化，因此要认真锻炼。

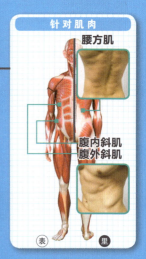
针对肌肉
腰方肌
腹内斜肌
腹外斜肌
表　里

要点

以心窝为中心弯曲背部

想要对目标肌腹内斜肌进行锻炼，就要以心窝为中心，背部侧弯（躯干侧屈）。这是动作要点。

高效技巧！

请同伴帮忙增重

想要加大负重的人可以请同伴帮忙。在肌肉拉长时全力承受负重会获得更好的效果。

❶ 手握哑铃，背部侧弯

单手握住哑铃，背部侧弯。腿根（股关节）不要动，通过背部（躯干）的动作进行弯曲。

侧卧起坐

针对肌肉 主要：腹内斜肌、腹外斜肌、腰方肌
次要：内转肌群、外展肌群

利用自重训练腹斜肌群

利用自重训练腹斜肌群。可以把双脚放在平床上进行，也可以利用背部伸展台进行训练。

① 双脚放在器械床上，侧躺

利用双脚的脚尖与脚跟搭住器械床侧躺，侧躺时骨盆要脱离器械床。保持骨盆直立。

② 以心窝为中心背部侧弯

骨盆位置固定后，以心窝为中心侧弯背部。

高效技巧！

通过杠铃片增加负重

自重不够的人可以怀抱杠铃片增加负重。手臂伸直并加入扭转会对内腹斜肌更加有效。

② 以心窝为中心，反向弯曲背部

反向弯曲背部并举起哑铃。背部要以心窝为中心侧弯。训练时，股关节保持不动。

错误

背部没有弯曲

背部挺直的股关节运动不会对具有使躯干侧弯（侧屈）的腹斜肌产生刺激。注意由心窝处开始弯曲背部。

身体虽然侧弯，但却是以股关节为支点弯曲的，因此无法锻炼腹斜肌。

第4章 健身房中进行的训练（自由力量篇）

大腿内侧　下背部　臀部　大腿前部

杠铃深蹲

Squat

整体锻炼躯干与下半身的王牌训练项目

调动腰腿的各个肌肉的基础项目，人称王牌训练。能对大腿前、后部，内转肌群以及臀部等下半身主要大肌群进行锻炼，同时还能锻炼躯干上的竖脊肌。虽然是一个令全身极度疲劳的高难度项目，但它能够强化腰腿，对于维持健康、减肥以及在体育方面都能获得很好的效果。

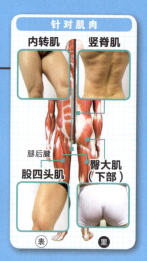

针对肌肉：内转肌、竖脊肌、腿后腱、股四头肌、臀大肌（下部）　表　里

要点

上体微微前倾，膝盖微探出脚尖

注意膝盖不要探出太多，上体微微前倾，收紧臀部的同时下蹲。膝盖以微微探过脚尖为宜。动作中要将体重转移至脚跟，这样才能保持稳定。

错误

下蹲过浅（潜蹲）

关节活动区域极小，肌肉训练效果会下降。虽然有很多人是以提高竞技力为名进行这一训练的，但实际上只有在无法深蹲时才会使用它。

❶ 站立，担起杠铃

双肩担起杠铃，直立。双腿打开与肩同宽，脚尖微微向外打开。双手的打开幅度要大，便于保持平衡。整个动作中要将体重转移至脚跟。

上体过于前倾	膝盖探出过多	弓背
上体过度前倾会增加背部以及臀部的负重，容易造成腰痛。还容易使膝盖无法向前探出。	膝盖过于前探也是错误的。这个姿势会对股四头肌造成强烈的刺激，容易使膝盖受伤。	训练时弓背是引起疝气、造成严重腰痛的原因。背部一定要挺直。

担杠位置过高

位置过高时会因为杠铃杆压到骨头而感觉疼痛。杠铃杆要担在颈部稍下方的斜方肌上。这样就不需要用到护板了。

膝盖内收

膝盖内收会使膝盖受伤。要确保膝盖处于腿根与脚尖的连线上。女性尤其要注意。

❷ 下蹲至大腿与地面平行

下蹲至大腿与地面平行（水平深蹲）。保持上体微微前倾，收紧臀部的同时下蹲。

▸ 大腿后部 ▸ 大腿内侧 ▸ 下背部 ▸ 臀部 ▸ 大腿前部

变相深蹲

Variation of Squat

根据目的变换姿势

改变基础深蹲的姿势，会给不同部位带来不同的效果。配合你的目的选择使用吧。

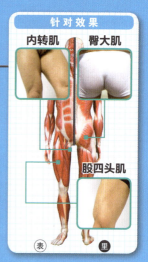

针对效果：内转肌、臀大肌、股四头肌（表）（里）

前深蹲

针对肌肉 主要：股四头肌
次要：臀大肌（下部）、内转肌（大内转肌）

集中锻炼股四头肌

杠铃担在体前，身体自然直立，集中对股四头肌施加负重。

❶ 杠铃担在胸前

杠铃架在肩膀（三角肌）上，两手前臂交叉握杠。手脚打开宽度与普通深蹲相同。

❷ 下蹲时不要前倾

上体在下蹲时不要前倾。为了在这一项目中保持平衡，膝盖要大幅向前探出。

大幅深蹲

针对肌肉 主要：股四头肌、臀大肌（下部）、内转肌（大内转肌）
次要：腿后腱、竖脊肌

双腿大幅打开，有效针对内转肌

大幅打开双腿，强化对内转肌后部（大内转肌）的刺激。这样做的同时还会避免上体前倾。

❶ 双腿大幅张开站立

担起杠铃，打开双腿。双腿打开幅度为肩宽的2倍，脚尖要向外呈45度展开。

❷ 双臀分开下蹲

双臀分开，同时下蹲。膝盖要与脚尖在同一方向。大腿下蹲至与地面平行。

狮子蹲

针对肌肉 股四头肌（尤其针对股直肌）

拉伸整个股四头肌

通过自重对整个股四头肌进行拉伸的训练。尤其对股直肌产生强烈拉伸与刺激。

要点

向前推腰，伸展股直肌

向前推腰，感觉到大腿前的股直肌被拉伸的同时身体下落。

❶ **扶柱站立**

为了保持平衡，可以用一只手扶着柱子站立。双脚打开幅度与普通深蹲相同。

❷ **屈膝，身体后倾**

整个身体后倾，同时屈膝。诀窍是向前推腰，拉伸股直肌。

半深蹲

针对肌肉 主要：股四头肌、臀大肌（下部）、内转肌（大内转肌）
次要：腿后腱、竖脊肌

利用狭小的关节活动区域进行训练

使关节活动区域变得狭小的训练项目。会比通常的深蹲使用更大的重量。效果会比杠铃深蹲小，但是可以在膝盖、腰痛时作为代替项目使用。

下蹲时，以膝盖弯曲到90度为准。使用加大重量的杠铃时，要安装安全握杆。

要点

利用三角肌后部担杠

利用三角肌后部以及斜方肌中、下部担杠。这样杠铃很容易滑落，因此要用两手牢牢支撑。

低位深蹲

针对肌肉 主要：股四头肌、臀大肌、内转肌
次要：腿后腱、竖脊肌

低位担杠，提升重量

以臀大肌、内转肌为主要目标。由于上体接触的杠铃杆变短，因此使用重量会略有增加。

低位担杠时，上体呈前倾姿势，因此股关节的关节活动区域会增大。

全深蹲

针对肌肉 主要：股四头肌、臀大肌（下部）、内转肌（大内转肌）
次要：腿后腱、竖脊肌

增大关节活动区域，效果显著

深度下蹲，为肌肉带来极大的运动量。腰腿部的肌群获得了充分的拉伸，也很容易引起肌损伤。膝盖或腰部没有问题的人可以积极进行这一项目。

下蹲到膝盖的弯曲角度小于股关节为止。完全下蹲的方法叫作底部深蹲。使用重量要比水平深蹲小。

大腿前部　臀部

弓步

Lunge

以 臀部 为中心，锻炼整个下半身

双腿轮流向前方大步踏出，锻炼下半身。股关节伸展肌中的臀大肌中央及上部为此项目的训练目标。这部分的肌群在用双足进行深蹲时很难被刺激到。除了这一部分外，该项目还可以刺激股四头肌、腿后腱。同时这也适合提升需要单脚蹬地进行的体育运动的竞技力。

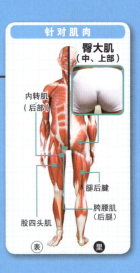

针对肌肉
臀大肌（中、上部）
内转肌（后部）
腿后腱
胯腰肌（后腿）
股四头肌
表　里

要点

上体微微前倾

上体微微前倾，注意膝盖不要向前探。以这一姿势进行训练，会对臀大肌十分有效。

错误

步幅太小

踏出的步子太小就会造成步幅狭小，这样就会使膝盖容易前探。膝盖前探后，臀大肌就会得不到锻炼。

弓背

弓背会使腰部受伤。要始终保持躯干挺直。

❶ 站立担杠

担起杠杆，做好向前踏步的准备。保持背部挺直，不要弓背。在单脚踏出前要保持好身体平衡。

训练项目的变化 Menu ❶

行走弓步

针对肌肉 主要：臀大肌（中、上部）、臀中肌
次要：内转肌（后部）、股四头肌、腿后腱

步行的同时对股关节进行集中锻炼

❶ 大步踏出
担杠，单脚向前大步踏出后身体下沉。

❷ 换腿
以前腿为轴站起，然后踏出另一只脚。

后弓步

针对肌肉 主要：臀大肌（中、上部）、臀中肌
次要：内转肌（后部）、股四头肌、腿后腱

对前腿股关节施加负重

❶ 担杠
站立担杠，做好向后踏步的准备

❷ 单脚踏步，身体下沉
单脚向后踏步，身体用力下沉。

训练项目的变化 Menu ❷

保加利亚深蹲

针对肌肉 主要：臀大肌（中、上部）、臀中肌
次要：内转肌（后部）、股四头肌、腿后腱

注重前腿的伸展动作

后腿架在器械台上，主要专注于前腿伸展动作的训练方法。

高效技巧！
利用史密斯机进行强化

由于弓步是单腿进行的，因此很难保持平衡，而想要强化到极限也很困难。但如果我们使用史密斯机，那就能对臀部肌肉进行安全的强化。

❷ 大步踏出，身体下沉

单脚向前迈大步，后退下压到膝盖几乎触地。此时上身微微前倾，保持挺胸。

| 大腿后部 | 下背部 | 臀部 |

杠铃提举

Dead Lift

锻炼 下背部、臀部、大腿后部 的基础项目

手握杠铃站起的简单基础项目。是训练中的"三巨头"之一。主要以股关节伸展（从腿根处向后摆动）动作为主。对竖脊肌、臀大肌、腿后腱等施加负重。它同时也是极易使腰部受伤的项目，因此要用正确的姿势进行。

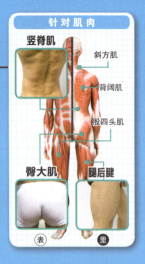

针对肌肉：竖脊肌、斜方肌、背阔肌、股四头肌、臀大肌、腿后腱（表／里）

要点

背部挺直，膝盖适度弯曲

为了预防腰部受伤，要在背部挺直的同时进行动作。膝盖不要完全伸直，要适当弯曲。

杠铃杆贴向身体

为了不让腰部受伤，还要尽量使杠铃杆靠近身体。诀窍就是一边用力让杠铃杆贴近身体，一边上提杠铃。

膝盖外侧抓握杠铃杆

动作中要注意不要让抓握杠铃杆的手碰触到膝盖，因此要在膝盖外侧抓握杠铃杆。

❶ 上体前倾，正反手抓握杠铃杆

双脚打开与肩同宽，抓握住杠铃杆。上体前倾约45度。注意，如果前倾过度，那么站立时就会无法用力。

罗马尼亚提举

针对肌肉 主要：腿后腱
次要：臀大肌、竖脊肌

集中对腿后腱施加负重

伸展膝盖进行的项目。集中对腿后腱施加负重。

检测！ 正反手抓握杠铃杆

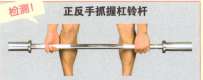

进行提举项目时，通常会用正反手抓握杠铃杆。这样在使用加大重量的杠铃时也能抓得稳。

❶ **膝盖伸展**

上体前倾，膝盖伸展，抓握杠铃杆。要感觉到腿后腱的拉伸。

❷ **利用股关节站起来**

用双腿腿根的股关节活动带动身体站起来。保持背部挺直。

错误

弓背

由于是使用加大重量的训练项目，因此如果弓背就会造成出现疝气等严重腰伤的危险。动作中上体要保持挺直。

杠铃杆远离身体

如果杠铃杆离开身体，那么就会难以用力，并给腰部造成巨大的负担。杠铃杆一定要贴近身体上提。

膝盖伸展过度

膝盖伸展姿势也是项目中的变化之一，但是膝盖需要适当的弯曲才能容易上提。

❷ **背肌伸展站立**

不要弓背，在背肌伸展的状态下站起来。杠铃杆不要远离身体，要一边贴着小腿和大腿一边上提。最后挺胸，收缩斜方肌。

大腿后部　下背部　臀部

变相提举

Variation of Dead Lift

根据目的选择项目姿势

提举也是变化多样的项目之一。可以根据你想要的效果或针对部位对姿势进行改变。根据目的进行选择吧。

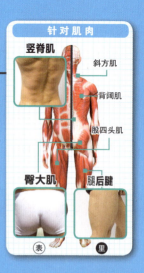

针对肌肉：竖脊肌、斜方肌、背阔肌、股四头肌、臀大肌、腿后腱
表　里

直膝提举

针对肌肉　主要：腿后腱
次要：臀大肌、竖脊肌

对腿后腱进行强烈拉伸

利用罗马尼亚提举法直膝进行的项目。对腿后腱进行强烈的刺激，效果显著。

① 膝盖伸直，抓握杠铃杆

膝盖完全伸展，上体前倾。要让腿后腱受到强烈的拉伸。

② 立起

利用股关节的伸展动作使身体立起。柔软性好、能够体前屈的人还可以站在器械台上训练。

大幅提举（相扑提举）

针对肌肉　主要：内转肌（大内转肌）、股四头肌
次要：臀大肌、腿后腱、竖脊肌

双腿大幅张开，有效针对内转肌

别名相扑提举。由于双腿大幅打开，因此对内转肌十分有效。另一个特点就是使用加大重量进行训练。

① 双臀分开，抓握杠铃杠

双腿大幅打开，双臀分开，抓握杠铃杠。上体的前倾角度要小于普通提举。

② 立起

背部挺直的同时身体直立。注意不要让杠铃片砸到脚。

局部提举

针对肌肉 主要：竖脊肌、臀大肌、腿后腱
次要：股四头肌、背阔肌、斜方肌

提举杠铃至膝盖处

别名半提举。这种方法会让腰部较为轻松，能够增加背阔肌、斜方肌的活动。

❶ 片提举杠铃至与膝同高

利用强力绳等将杠铃杆固定在与膝盖等高处。动作要点与普通提举相同。

❷ 直立挺胸

胸膛完全挺起，提高对背阔肌、斜方肌的刺激。

要点

背部挺直，由股关节开始前倾

背部完全挺直，从腿根（股关节）处开始上体前倾。要感觉到对臀部的拉伸，这样训练才有效。

错误

弓背

弓背是以心窝为中心的躯干动作。这不能锻炼臀部肌肉。身体前倾时要保持挺胸。

单脚提举

针对肌肉 主要：臀大肌、臀中肌
次要：竖脊肌、腿后腱

集中锻炼上臀部

单脚进行的训练。锻炼臀大肌上部以及臀中肌。这些部位通常无法利用普通提举方法得到锻炼。

❶ 单脚站立，握住哑铃

单脚站立，用与支撑脚反方向的手握住哑铃。不要弓背，从腿根（股关节）处开始身体前倾。

❷ 以股关节为轴立起身体

以股关节为轴立起身体。为了对臀部肌肉有效，不要让背部弯曲伸展（躯干动作），而是由股关节开始动作。

| 大腿后部 | 下背部 | 臀部 |

背部伸展

Back Extension

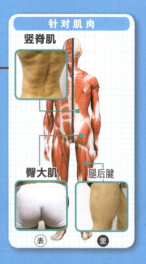

针对肌肉
竖脊肌
臀大肌　腿后腱
表　　里

对 下背部 进行细致锻炼的项目

利用弓背后复原的动作对竖脊肌、臀大肌、腿后腱进行锻炼。虽然是与提举锻炼相同的部位，但其最大的优点是不容易造成腰痛。有些背部伸展台会设置成水平状态，但为了增大关节活动区域，建议使用呈45度角的伸展台。

要点

上体大幅弯曲

身体下落时要大幅弯曲，用力下压到底。如果上体弯度小，那么就会使肌肉关节活动区域变小，因而无法取得显著效果。

高效技巧！

抱住杠铃片

自重不够时，可以通过抱杠铃片的方式加大负重。

❶ 双腿架在器械台上，上体大幅弯曲

双脚搭在呈45度角的背部伸展台上，将对准腹部的护板固定在骨盆稍下方的位置上。然后大幅弯曲上体。

训练项目的变化 **Menu ❶**

股关节背部伸展

针对肌肉 竖脊肌

只活动躯干，对竖脊肌有效

❶ 弓背
利用以心窝为中心的躯干动作弓背。

❷ 伸展上体
伸展上体。诀窍是将护板的位置稍向上移。

躯干背部伸展

针对肌肉 臀大肌、腿后腱

集中针对臀大肌、腿后腱进行的负重训练

❶ 由股关节处开始身体前倾
利用以大腿根部为轴的股关节的活动使上体前倾。

❷ 提起上体
提起上体。诀窍是护板要垫在大腿处。

第 **4** 章　健身房中进行的训练（自由力量篇）

训练项目的变化 **Menu ❷**

股后肌提举

针对肌肉 腿后腱

全面锻炼腿后腱

❶ 两脚踩在踏板上。通过膝关节屈曲与骨关节伸展，使腿后腱这一双关节肌受到双向刺激。

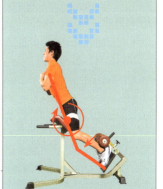

❷ 屈膝，同时上提身体。利用脚尖站立是训练有效的诀窍。

❷ 起身，直至挺直身体

提起上体，直到身体挺直。上提时，双手交叉放在胸前。上体后弯会造成腰痛，因此要避免身体过度后弯。

121

上背部

俯身划船

Bent Over Rowing

打造厚实的上背部的划船项目

锻炼上背部的划船系代表项目。可以对背阔肌以及斜方肌中、下部进行锻炼，因此与引体向上（悬垂）相比，它适合打造出背部中央的厚实肌肉。对背部见效的姿势难度较大，弄不好就会只对手臂有效，因此要按照要点认真训练。

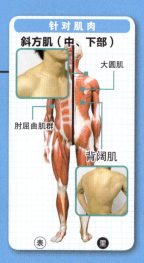

针对肌肉：斜方肌（中、下部）、大圆肌、肘屈曲肌群、背阔肌

要点

挺胸提拉杠铃杆

背阔肌不仅具有伸展肩关节的作用，同时还能够伸展躯干。因此在挺胸时拉住杠铃最有效。

收紧肩胛骨

拉住杠铃的同时用力收紧肩胛骨（肩胛骨内收）。肩胛骨的活动会刺激斜方肌，同时也能增大背阔肌的关节活动区域。

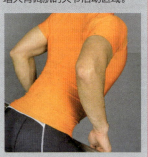

❶ 上体弯曲大于45度后抓握杠铃杠

抓住杠铃杠，背部挺直，上体弯曲大于45度。两臂张开幅度稍大于肩宽。膝盖微曲。

错误		
弓背	**杠铃拉向胸前**	**上体起身幅度过大**
弓背容易使腰部受伤。而且也不会对背阔肌生效。	杠铃拉起位置过高只会对手臂有效,背部得不到锻炼。	膝盖过于弯曲,上体起身幅度过大会造成肩关节的关节活动区域变小。

第 **4** 章 健身房中进行的训练(自由力量篇)

> **要点**
>
> **向腹部方向提拉杠铃**
>
> 要锻炼背部肌肉就要向腹部方向提拉杠铃。如果想要针对手臂肌肉,那么就要提拉杠铃到高位。
>
>
>
> **膝盖微曲,上体前倾**
> 　膝盖微曲,上体前倾。这样容易用力,也能减轻腰部负担。

❷ 挺胸提杠

　　背部伸展、挺胸,在收紧肩胛骨的同时提起杠铃。向腹部提拉杠铃才会对背部肌肉有效。向胸部提拉会对手臂有效。

上背部

变相划船

Variation of Rowing

根据喜好进行的 上背部 锻炼

锻炼上背部的划船动作有很多变相训练项目。即便同属于划船系，每个项目在效果、难易度、使用器具上也各有不同。

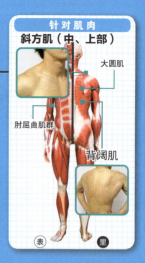

针对肌肉
斜方肌（中、上部）
大圆肌
肘屈曲肌群
背阔肌
表　里

单臂划船

针对肌肉 主要：背阔肌、斜方肌（中、下部）
次要：肱二头肌、内腹斜肌

锻炼单臂的划船动作

使用哑铃单独对两手臂进行锻炼。优点是较容易将意识集中在背部。

错误
身体打开
　　背阔肌没有充分收缩，由于肩关节的运动方向与背阔肌的作用方向不一致，因此效果会下降。

❶ 单侧手腿放在器械台上
　　将同一侧的手、腿放在器械台上，另一只手抓握哑铃。打开肩胛骨，伸展背部。

❷ 向腹部提拉哑铃
　　收紧肩胛骨，挺胸的同时向腹部提拉哑铃。刺激背阔肌与斜方肌。

T形杆划船

针对肌肉 主要：背阔肌、斜方肌（中、下部）
次要：肱二头肌

对背部显效的划船动作

提拉设定好重量的器械T形杆的项目。提拉方向稍微倾斜后，这样就能自然地朝将器械提拉向腹部。

❶ 上体前倾，握住器械杆

膝盖微曲，用力挺胸。上体前倾，握住拉杆。

❷ 向腹部提拉器械杆

提拉器械杆。由于提拉轨道是倾斜的，因此能够自然地将器械杆提拉向腹部。

俯卧划船（戴维德划船）

针对肌肉 主要：背阔肌、斜方肌（中、下部）
次要：肱二头肌

让腰部感觉轻松的划船动作

俯卧在倾斜器械床上的划船项目。由于采用俯卧姿势，因此能够减轻腰部的负担。

❶ 俯卧在器械床上，手持哑铃

俯卧在设定为倾斜30度角的可调节器械床上，手持哑铃。

❷ 挺胸提拉

收紧肩胛骨，挺胸的同时提拉哑铃。背部后弯的同时向腹部提拉哑铃。

 要点

挺胸上提

背阔肌有使躯干伸展的作用，因此要对它进行锻炼，就要在器械床上挺胸、提起上体，背部后弯的同时牵拉哑铃。

高效技巧！

请同伴增加负重

请同伴用脚踩住拉杆，这样就能增大负重。如果能全力抵抗肌肉拉长时承受的强力负重，训练就能获得巨大的效果。

第4章 健身房中进行的训练（自由力量篇）

上背部

引体向上

Chin up

锻炼上背部两侧肌肉

通常所说的悬垂。与划船齐名的上背部基础项目。通过身体悬垂时向上的牵引力对以背阔肌、大圆肌为中心的斜方肌下部、三角肌后部以及肘屈曲肌群施加负重。引体向上主要打造的是上背部两侧的大肌肉。对于男性来说，它是最适合打造倒三角形上半身的项目。

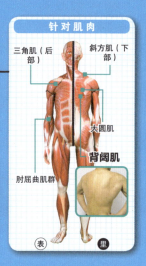

针对肌肉：三角肌（后部）、斜方肌（下部）、大圆肌、肘屈曲肌群、背阔肌

要点

肩部降低，收紧肩胛骨

肩部降低，收紧肩胛骨的同时进行动作。如果在肩部上提时进行动作，那么只会用到手臂与斜方肌，这样就不会锻炼背阔肌。

挺胸，背部后弯

背阔肌也具有伸展躯干的作用，因此想要锻炼背阔肌时可以在挺胸、背部后弯的同时牵拉身体，感觉仿佛微微后倾。

❶ 两手握住器械杆，身体悬垂

两手握住器械杆，身体悬垂。双手握杆的幅度大约是肩宽的1.5倍。为了能够让双臂用力，最好使用紧固皮带。

训练项目的变化 **Menu**

颈后引体向上

颈后提拉

由于会弓背，因此大圆肌、斜方肌会替代背阔肌承受负重。

反手引体向上

利用反手刺激肘屈曲肌

反手握杆，增加肘屈曲肌（肱二头肌、肱肌、肱桡肌）的活动。

后屈引体向上

全面锻炼背阔肌

握住短器械杆，以肩为轴，上提臀部的同时牵拉身体。强烈刺激背阔肌。

第**4**章 健身房中进行的训练（自由力量篇）

❷ **挺胸，身体上提**

挺胸，身体上提。要点是收紧肩胛骨。如果动作中耸肩，那么目标背阔肌就得不到锻炼。

高效技巧！

追加重量增大负重

自重不够的人可以使用专用加重皮带等用具添加负重。如果是男性肌肉训练爱好者，可以将总重量100千克定为目标。

请同伴抓住双脚

请同伴抓住双脚可以进行强制助力。另外，还有一种对整个身体施加反作用力，进而进行强化的训练法。

肩部

后推举

Back Press

锻炼三角肌的基础项目

利用肩关节与肘关节举起杠铃的三角肌基础项目。以三角肌为中心，还能对斜方肌、前锯肌、肱三头肌进行锻炼。动作中如果腰部后弯过大就会造成腰痛，因此无论如何腰部都会后弯的人可以坐在调高的倾斜器械床上进行此项目的变相训练。

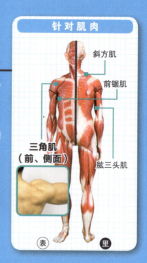

针对肌肉：斜方肌、前锯肌、三角肌（前、侧面）、肱三头肌（表、里）

要点

推举时肩部不要抬起

动作中肩膀不能上提。耸肩只会对斜方肌进行锻炼，而对目标三角肌无效。

错误

背部强烈后弯

推举杠铃时，如果背部过度后弯就会造成腰部损伤。总是会腰部后弯的人可以使用带有靠背的器械床进行这个项目。

❶ 从深蹲架上取下杠铃

杠铃要放在杠铃架上。抓握杠铃杆时，双臂打开的幅度约为肩宽的1.5倍。利用双腿的反作用力将架在斜方肌上的杠铃上举至耳朵的高度。

坐姿哑铃推举

针对肌肉 主要：三角肌（前、侧面）
次要：斜方肌、前锯肌、肱三头肌

扩大关节活动区域

利用哑铃能够加大肌肉的关节活动区域。因为肩膀能够自由活动，所以也不会引起肩痛。

训练项目的变化 Menu❷

坐姿后推举

调高器械床的倾斜角度进行的项目。这种方法可以利用靠背来保护腰部。

❶ 抓握哑铃

抓握哑铃。背部容易后弯的人可以使用带有靠背的器械床。

❷ 推动哑铃上下移动

使哑铃上下运动。哑铃下落的高度以即将触碰到肩膀为宜。

训练项目的变化 Menu❸

前推举

杠铃担在头前部的推举。

对三角肌前部与前锯肌有效。

❶ 抓握杠铃。双臂打开幅度略小于后推举。

❷ 上举时注意腰部不要后弯。

❷ 不使用反作用力使杠铃上下移动

杠铃下落的高度以达到耳部为宜。注意腰部不要后弯。只有在进行强制助力时，才会利用双腿施加反作用力，因此平时一定不要使用反作用力。

肩上部

耸肩

Shrug

锻炼斜方肌上部

利用上提肩胛骨的动作锻炼斜方肌上、中部。斜方肌具有固定颈部的作用。因此它不仅在格斗、橄榄球、美式足球等方面至关重要，而且对于利用加减速摆头的球技来说也非常重要。这一项目也有利于缓解颈间僵硬，因此平时颈间僵硬的人要认真进行训练。

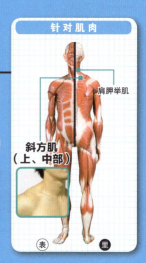

针对肌肉

肩胛举肌

斜方肌（上、中部）

表　里

高效技巧！

晃动整个身体用以进行强制助力

晃动身体能够获得强制助力。在整个身体晃动时，就能利用反作用力使出最后的力气。

训练项目的变化
Menu

哑铃耸肩

利用哑铃进行的项目

使用哑铃时，由于大腿不用挡住杠铃，因此动作会十分流畅。如果有力量足够的哑铃时，推荐使用这一项目。

❶ **站立抓握杠铃**

站立抓握杠铃。双臂打开幅度约为肩宽的1.2倍。此时肩膀下落，锻炼斜方肌。

❷ **双肩上提**

利用肩胛骨的上提动作提起双肩。斜方肌具有使肩胛骨向上转动的作用，因此即便带动手肘弯曲也没关系。

> **肩部**

侧平举

Side Raise

集中锻炼三角肌的单关节项目

以肩关节为支点提起双臂（肩关节外展），锻炼三角肌侧面的单关节项目。除三角肌外，还能锻炼斜方肌、前锯肌、肌腱套的冈上肌、冈下肌等。虽然看似简单，但实际上却是很难正确进行的项目。因此要认真掌握要点。

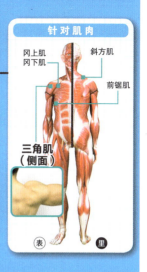

针对肌肉：冈上肌、冈下肌、斜方肌、前锯肌、三角肌（侧面）

❶ 站立，双手抓握哑铃

站立，双手抓握哑铃。手肘要受微曲。

❷ 手肘向外打开、上提

肩部下落，手肘上提。上提高度可为水平或略在水平线上。

错误　肩膀上提

肩膀上提只能锻炼斜方肌，不会对目标三角肌生效。要在肩膀下落的同时手肘上提。

高效技巧！　屈肘助力

屈肘侧平举会使肩周受到的负重变小，可以轻松提起哑铃。灵活利用这种强制助力方式进行强化训练吧。

> 肩部

变相提举

Variation of Raise

对三角肌前、后部进行均衡锻炼

由于三角肌围绕肩关节生长，因此单凭一个项目很难使其整体得到锻炼。通过几个项目进行训练，才能获得均衡的三角肌。

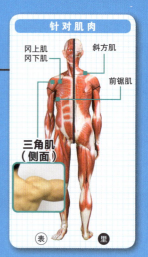

针对肌肉
- 冈上肌
- 冈下肌
- 斜方肌
- 前锯肌
- 三角肌（侧面）

表　里

后平举

针对肌肉
主要：三角肌（后部）
次要：斜方肌

集中锻炼三角肌后部

锻炼三角肌后部的方法。需要打开肩胛骨。

① 抓握哑铃
双手抓握哑铃，上体前倾。打开肩胛骨，向前推肩。

② 手肘向后牵拉
打开肩胛骨，肩膀向前推出时牵拉手肘。大拇指向下时会对肩后部更加有效。

要点

打开肩胛骨，保持双肩向前

打开肩胛骨（肩胛骨外展）的同时牵拉手肘是对三角肌后部起效的关键。肩胛骨收紧时会对斜方肌进行刺激。

前平举

针对肌肉
主要：三角肌（前部）、前锯肌
次要：斜方肌

集中锻炼三角肌前部

三角肌前部是训练重点。同时也能刺激前锯肌。肩关节内旋（手掌向下）时锻炼三角肌内侧面，外旋（手掌向前）时锻炼三角肌前侧面。

① 抓握哑铃
站立，双手抓握哑铃。通常手心面向身体抓握哑铃。

② 向前提举
上提高度与肩同。注意，此时容易出现身体晃动的犯规动作。

卧式后平举

针对肌肉 三角肌（后部）

有效针对三角肌后部的项目

由于是在三角肌后部伸展状态下进行的活动，因而更容易引起肌损伤。另一个优点就是不会对斜方肌施力，有效针对三角肌。

收起肩胛骨 错误

动作中肩膀要前推。如果肩胛骨收紧，那么斜方肌就会受到刺激，因而使三角肌无法得到有效锻炼。

① 手握哑铃

侧躺在器械床上，手肘伸开握住哑铃。此时要感觉到三角肌后部的拉伸。

② 提起哑铃

肩膀固定不动，打开肩胛骨的同时提起哑铃。也可以屈肘用以强制助力。

卧式侧平举

针对肌肉 三角肌（侧面）

针对三角肌后部有效的项目

由于三角肌处于拉伸位置时负重不会减弱，因此更容易获得肌损伤。另一个优点就是不会对斜方肌施力，有效针对三角肌。

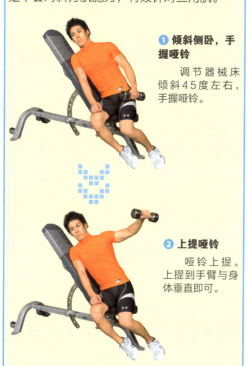

① 倾斜侧卧，手握哑铃

调节器械床倾斜45度左右，手握哑铃。

② 上提哑铃

哑铃上提。上提到手臂与身体垂直即可。

直立划船

针对肌肉 主要：三角肌（侧、后部）、斜方肌
次要：前锯肌、肘屈曲肌群、冈上肌、冈下肌

锻炼三角肌与斜方肌

锻炼三角肌与斜方肌的项目。三角肌后部承重，以手臂向内扭转（肩内旋）的姿势上提，有效针对三角肌侧面与后部

① 站立抓握杠铃

站立抓握杠铃，双臂展开幅度略小于肩宽。

② 利用手肘上提

利用手肘上提杠铃。此时腋下张开。

> 手臂

杠铃弯举

Barbell Curl

肱二头肌等**肘屈曲肌**的基础项目

利用肘的弯曲动作锻炼肘屈曲肌的项目。肱二头肌为肘屈曲肌的力量大小做出40%的贡献。而位于它下方的肱肌、前臂肱桡肌在此方面的贡献度也大得出人意料。利用能够全面锻炼肘屈曲肌群的杠铃弯举打造强健有力的手臂吧。

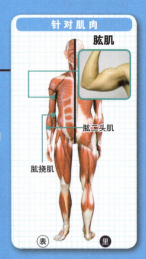

针对肌肉 / 肱肌 / 肱二头肌 / 肱桡肌 / 表 里

要点

肘部不动，杠铃上扬

肘部固定不动是动作有效的要点。以肘关节为轴，如同画半圆般上下移动杠铃时，关节的活动区域就会增大。

错误

肘部后移

这是杠铃弯举中的典型错误。注意，肘部后移会使肘关节活动区域变小，进而变成了肩膀的运动。

❶ 直立，反手抓握EZ杠铃

直立，反手抓握EZ杠铃（曲柄杠铃）。两手打开与肩同宽。建议握住EZ杠铃杆的倾斜部分，这样手臂较容易弯曲。

哑铃弯举

针对肌肉 肱二头肌、肱肌、肱桡肌

利用哑铃锻炼肘屈曲肌

相比需要两手配合才能进行的杠铃，哑铃弯举的特点是可以分别对双臂施加相同的负重。

检测！

交替哑铃弯举

左右交替进行哑铃弯举的方法。要感觉哑铃由小拇指开始上扬。这一项目的特点是比较容易集中注意力在肘关节屈曲肌上。

❶ 反手抓握哑铃

站立，反手抓握哑铃。此时手肘不要完全伸直，要保持微曲。

❷ 哑铃上扬

保持手肘不动，向上扬起哑铃。注意动作中手肘不要向后牵拉。

❷ 手肘固定不动，杠铃上扬

屈肘，杠铃上扬。此时要保持手肘不动。注意，如果杠铃下落幅度小，或者使用了反作用力，那么效果就会降低。

高效技巧！

晃动上体获取强制助力

原本有错的晃动上体的动作可能会在强化训练中用来获取强制助力。

在上提杠铃杆时晃动上体，趁势将杠铃举起。在杠铃下落时要缓慢而准确地做动作。

> 手臂

肘屈曲肌训练的变化项目

Elbow Flexor Exercises

锻炼 肱二头肌、肱肌、肱桡肌

不仅肱二头肌，肱肌与肱桡肌也是主要的肘屈曲肌。我们可以利用双关节肌的技巧对它们进行锻炼。

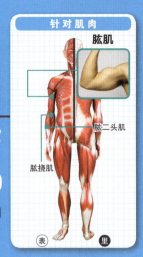

针对肌肉
肱肌
肱二头肌
肱桡肌
表　　里

单臂哑铃弯举

针对肌肉 主要：肱肌、肱桡肌
次要：肱二头肌

集中刺激肱肌与肱二头肌

由于会使肱二头肌暂时放松，因此能够集中对肱肌与肱桡肌施加负重。肘部较易固定也是其优点之一。

❶ **手肘贴于膝盖内侧**

坐在平床上。单手抓握哑铃，肘部贴在膝盖内侧，手臂下垂。

❷ **从肘部开始手臂上扬**

肘部固定不动，手臂上扬。可以晃动上体进行强制助力。

下斜式哑铃弯举

针对肌肉 主要：肱二头肌
次要：肱肌、肱桡肌

拉伸作为双关节肌的肱二头肌

自肩膀处向后摆臂（肩关节伸展），强烈拉伸肱二头肌的方法。

❶ **斜躺在器械床上**

两手抓握哑铃躺在倾斜器械床上。倾斜角度设定为45度。

❷ **以肘为支点，手臂上扬**

肩关节固定不动，从肘部开始扬起哑铃。肱二头肌会感觉到强烈的拉伸，容易获得肌损伤。

锤式弯举

针对肌肉 主要：肱肌
次要：肱二头肌、肱桡肌

大拇指向前，有效针对肱肌

向内（内旋）扭转抓握哑铃的上臂，大拇指向前，集中对肱肌进行锻炼的方法。

① 两手大拇指向前
身体直立，两手抓握哑铃。前臂向内扭转，使大拇指朝前（前臂内回旋）。

② 从大拇指开始上提
大拇指指向前方，上提哑铃。

牧师凳弯举

针对肌肉 主要：肱肌、肱桡肌
次要：肱二头肌

集中对肱肌、肱桡肌施加负重

由于肱二头肌这一双关节肌会暂时放松，因此能够对肱肌与肱桡肌进行锻炼。优点是不容易出现犯规动作。

① 两手肘架于器械上
与杠铃弯举相同，反手抓握曲柄杠铃，坐下在牧师凳上，手肘放在护板上。

② 坐姿屈肘
深坐，屈肘举起杠铃。正确动作会对肱肌有效。

高效技巧！

请同伴帮助增加负重
由于同伴很容易为这一项目增添负重，因此可以请他们帮忙在肌肉拉长时施加强大的负重。然后我们要全力承受这种负重。

错误

腰部提起，手肘没有伸展
腰部提起时手肘无法伸展，这样就会使关节活动区域变小。另外还很容易出现犯规动作。

手臂

卧式三头肌伸展
Lying Triceps Extension

肱三头肌 的基础项目

通过使用曲柄杠铃，利用伸展肘部的动作锻炼肱三头肌。从头盖骨上方举起哑铃是提升肌力效果极好的项目。但要注意会有手肘受伤的危险。如果不能保证手肘不动，那么就要想办法使其活动空间变小。

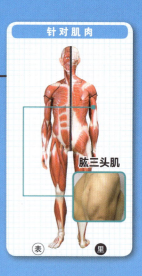
针对肌肉　肱三头肌　表　里

要点

以手肘为支点

动作要在手肘位置固定后进行。但是肘部打开也有降低受伤风险的好处。因此最好要在不会让手肘疼痛的范围内闭合肘部。

晃动腰部进行强制助力

腰部上提后，可以利用下落时产生的反作用力轻松上提杠铃。

高效技巧！

❶ 躺在器械床上，手握EZ杠铃

仰躺在平床上，手握EZ杠铃。双手打开幅度略小于肩宽。双手打开幅度越小，动作效果越好，但是容易加重手肘的负担。

训练项目的变化 Menu

反手卧式三头肌伸展

肱三头肌（外侧）

刺激肱三头肌外侧

反手使用曲柄杠铃的训练法。这样会使肘部难以横向打开，进而增加对肱三头肌外侧头的刺激。

要点

注意安全

反手使用杠铃时，如果杠铃松脱就会砸在脸上。要在仔细确认安全后再进行训练。

❶ 反手抓握EZ杠铃

仰躺在平床上，反手抓握杠铃。

❷ 手肘收拢向下

手肘闭合的同时抓杠铃下落。这一项目要使用较轻的重量进行训练，这样即便是在手肘闭合时也会比较安全。

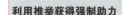

高效技巧！

利用推举获得强制助力

举不起杠铃时可以利用推举的方式获得强制助力。这是自己就能强化肱三头肌的方法。

❷ 屈肘，杠铃向头部方向下落

以手肘为支点使杠铃下落。杠铃下落的高度与前臂呈水平或略超过水平为宜。下落幅度过大容易受伤。

把杠铃放在胸前，然后就可以推举了。

手臂

法式拉举
French Press

对 肱三头肌 的长头进行强烈刺激

在构成肱三头肌的内头、外头、长头中，对靠近腋下的长头进行集中锻炼。手臂上摆（肩关节外展）时，作为双关节肌的长头会被拉伸，较容易被调动。长头是肱三头肌中最大的部位，因此认真锻炼能够有效地使整个手臂变得粗壮。

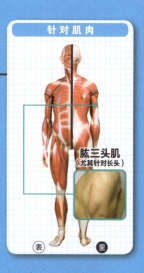

针对肌肉 / 肱三头肌（尤其针对长头）／表／里

要点

哑铃的握法

左右手平行交叠，两手大拇指与食指形成环形。双手从内侧托住哑铃片以保持稳定。

❶ 在头顶握住哑铃

坐在平床上。两手握住一只哑铃，将哑铃举过头顶。

140

训练项目的变化 **menu ❶**

三头肌后撑

针对肌肉 肱三头肌（内头、外头）

以内头、外头为中心

利用手臂后摆动作进行的训练。此时作为双关节的长头会暂时放松，因此作为单关节肌的内头、外头会得到锻炼。

错误

开始时屈肘过度

即便屈肘90度以上也不会增大肱三头肌的受力，这是毫无意义的。而且手肘弯曲过大会导致犯规动作的出现。

❶ 手脚放在平床上
单手放在平床上，单膝跪在平床上。上体前倾。手握哑铃的肘部要略高于体侧。

❷ 肘部伸展
牵拉肘部向后伸展。手握哑铃的手肘位置要保持不变。

第 **4** 章 健身房中进行的训练（自由力量篇）

❷ 向后屈肘

尽量保持肘部不动并使哑铃下落。下落幅度以前臂与地面保持平行或略低于水平为宜。注意，如果哑铃下落幅度过大会使肘部受伤。

训练项目的变化 **menu ❷**

单臂哑铃法式拉举

针对肌肉 肱三头肌（尤其针对长头）

逐一对手臂进行锻炼

两臂逐一进行单臂法式拉举的方法。单臂进行时较容易将意识集中到作为目标的肱三头肌（尤其针对长头）上。另外还可以利用空闲的手进行强化。

训练项目的变化 **menu ❸**

撑体 →P100

训练项目的变化 **menu ❹**

变相卧推 →P98

141

前臂

反握杠铃弯举
Reverse Barbell Curl

集中锻炼前臂正面的肱桡肌

利用与杠铃弯举相反的握杆方式，对前臂的肱桡肌进行锻炼的项目。肱桡肌是位于前臂正面（手掌侧）靠近手肘的肌肉。虽然位于前臂，但它并不参与手腕的活动，而是只具有肘屈曲作用的单关节肌。可以利用简单的肘屈曲运动进行锻炼。

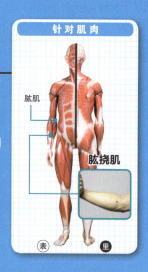

针对肌肉

肱肌

肱桡肌

表　　里

❶ **手背向上握住杠铃**

手背向上握住EZ杠铃。两手打开幅度略小于肩宽。不要向后牵拉手肘，这是要点。

❷ **手肘固定后上举杠铃**

手肘位置固定后向上提起杠铃。注意，与杠铃弯举相比，这一项目中手肘容易向外打开。

训练项目的变化
Menu

牧师凳杠铃反握弯举

集中锻炼肱桡肌

由于会使作为双关节的肱二头肌短暂放松，因此能够有效针对肱桡肌。

❶ 手背向上握住杠铃

❷ 提起杠铃

前臂

握式弯举

Wrist Curl

锻炼与握力有关的前臂正面的肌群

利用手腕的上扬动作（手关节掌屈），锻炼前臂手掌侧的屈曲肌群。由于其中一部分肌群与指尖相连，并且是与握力有关的多关节肌，因此动作的要点是打开手指同时进行动作。这是非常注重握力的格斗选手需要强化的部位。

针对肌肉

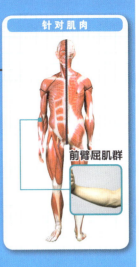

前臂屈肌群

❶ 前臂挂在器械床上

前臂挂在器械床上，反手抓握杠铃。手腕伸展的同时使杠铃下落。此时手指要稍微打开，使杠铃向低处下落。

高效技巧!

晃动手肘上提进行强制助力

手肘从平床上晃动上提可以减轻负重。原本这是错误的做法，但在训练的后半段时可以用来进行强化。

❷ 利用手腕与指尖扬起杠铃

弯曲手腕与指尖关节，同时使杠铃上扬。注意要绝对避免晃动上体的犯规动作出现。

训练项目的变化
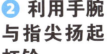

反握弯举

锻炼前臂伸展肌群

与握式弯举相反，手背向上握住杠铃。由于手腕的翻转，因此能够使位于前臂的手掌侧的伸展肌群得到锻炼。

143

> 颈部

前架桥·后架桥

Bridge

塑造固定头部的强韧颈部

利用自重塑造强韧颈部的项目。颈部肌群在运动中能够起到固定头部的作用，因而在格斗技或橄榄球等需要利用加减速产生的惯性摆头时，常常都需要强韧的颈部。另外，如果男性的脖子太细也会让人感觉弱小。努力锻炼颈部吧。

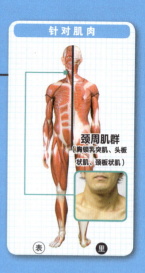

针对肌肉

颈周肌群
（胸锁乳突肌、头板状肌、颈板状肌）

表　　里

要点

额头触床，拉伸颈部

说起架桥就会想到要使用头顶。而为了使颈部肌肉获得更好的锻炼，我们可以用前额抵住器械床，然后使下颚下降。

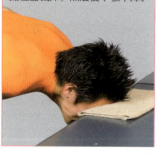

错误：头顶抵床，架桥过高

利用头顶形成的高架桥不能锻炼颈部。低架桥能够充分锻炼颈前肌肉，并能取得显著效果。

❶ 利用额头与双脚架桥

在器械床上垫上毛巾，利用额头与双脚进行三点架桥。额头触床。下颚下降。

❷ 利用颈部力量上提身体

利用颈部的力量使身体上提。双脚离器械床越远越能增大负重。

颈部伸展（徒手抵抗）

针对肌肉 颈部周围肌群（胸锁乳突肌、头板状肌、颈板状肌等）

强烈拉长肌肉

徒手抵抗训练法。通过同伴施加的力，在肌肉被强烈拉长时承受强大的负重。

训练项目的变化 Menu ❷

颈屈曲锻炼颈前部的方法。

请同伴站在训练者侧面，在训练者脸上敷上毛巾后，按压训练者的额头与下颚。

❶ **按住训练者的后脑部**

在训练者的后脑部敷上毛巾，并按压训练者的后脑部。同伴可将动作时间维持在2~3秒内。

❷ **抵抗压力**

训练者要尽全力抵抗同伴施加的压力。

---

❶ **利用后脑部与双脚架桥**

利用后脑部与两脚进行三点架桥。通过后脑部形成低架桥。

❷ **以颈部的力量上提身体**

利用颈部的力量使身体上提。如果自重不够，可以使用杠铃片。

训练项目的变化 Menu ❸

转体架桥

训练侧颈部

转头，扭转颈部，从而刺激侧颈部肌肉。要点同样是注意形成低架桥。

检测！

垫上毛巾

进行项目时，头部触床的部位要垫上毛巾。这样不仅能防止因为流汗产生的打滑现象，还可以防止汗水弄脏器械床。

专栏

史密斯机的优缺点

安全性见长的多用途机

史密斯机是把杠铃放在轨道上移动的器具。

大多数自由重量的项目都能使用史密斯机进行。利用史密斯机进行的肌肉训练，由于轨道是固定的，因此其动作的特点与器械类似，它与自由重量相比有以下特点。

史密斯机的最大优点就是容易使训练者保持平衡，即便是在加大负重时也能对肌肉进行安全的强化训练。例如，在单脚进行弓步时，臀部的肌肉会比做深蹲时受到更大的刺激，取得更好的效果。但是由于这个项目难以保持平衡，因而在加大重量的情况下相当危险，所以很难做到极限次数。但如果使用史密斯机，那么就有可能使臀部肌肉安全地强化到极限次数。

史密斯机的缺点是，它与器械项目一样，轨道是已经决定好的。因此很难自由改变姿势。另外，它还会因为摩擦而使直接刺激肌肉、能够导致肌肥大的拉长收缩所承受的负重减小，这也是缺点之一。

史密斯机能够应用在卧推、深蹲、弓步等多种自由力量项目中。如果能在肌肉训练计划中加入史密斯机，那么在训练的前半部分项目中可以使用自由力量，而在感到疲劳的后半部分训练中就可以使用史密斯机进行安全的强化训练。希望大家能够掌握其优缺点，灵活运用。

史密斯机的好处是，可以完全地进行高重量的负重训练

第 5 章

饮食与营养补充

在进行肌肉训练时,假如构筑身体的基本饮食生活出现混乱,训练效果也会减半。本章为您介绍的是能更好提高训练效果的营养摄取要点。

支持人体的
五大营养素

人类不可或缺的五大营养素

人类要生存，就要每天从饮食中摄入营养。塑造身体不仅要靠肌肉训练，通过饮食摄取营养也是非常重要的。注意饮食会使你的肌肉训练获得更好的效果。

饮食中能够摄入的营养主要分为五大类。从提升肌肉训练效果这一角度出发，我们必须全面理解这五大营养素。

碳水化合物

碳水化合物（含糖物质）会在体内转化成肝糖，随后分解成葡萄糖。葡萄糖是肌肉的能量之源。每1克碳水化合物中含有4千卡能量。

碳水化合物不足时，身体为了分解生成必需的蛋白质就会削减肌肉。相反，如果碳水化合物过多，它就会转化为脂肪。因此，我们平时要非常注意调整碳水化合物的摄入量。

蛋白质

蛋白质是由20多种氨基酸构成的。

人体摄入的蛋白质会被分解为氨基酸，然后再次合成蛋白质。它们会成为肌肉、骨骼、皮肤、激素等身体所有组织的原料。每1克蛋白质中含有4千卡能量。

要想使肌肉健壮，我们必须摄取足够的蛋白质。

※含糖物质和碳水化合物基本是同一物质。说到含糖物质时，会使人想到甜食，其实米饭、面条等谷物也是含糖物质。

蛋白质是肌肥大不可或缺的营养素。它多含于肉类、鱼类、鸡蛋、奶酪等食物中。

脂肪

脂肪由甘油（一种含糖物质）与脂肪酸构成，是低强度运动的能量源。另外，它也是形成细胞膜、神经组织、激素等的原材料。每1克脂肪含有9千卡能量。

维生素

能够调节身体状况的营养素，不会成为能量源。分为脂溶性维生素与水溶性维生素。脂溶性维生素必须要与脂质一起摄入。

进行肌肉训练的人要注意保护身体不被酸性化，因此就要注意摄取能够抗氧化的维生素C、维生素E。

矿物质

包含构成生物体的有机物所含有的元素（氢、氧、碳、氮），本身含有钾、钙等元素，也被称为无机物。不会成为能量源，但却是生物体不可或缺的营养素。

体重的增减由能量收支情况决定

体重的增减原则上是由摄取的能量与消耗的能量多少决定的。

通过食物摄取到的能量来自于五大营养素中的碳水化合物、蛋白质以及脂质三种营养素。在打造身体时，我们必须要了解它们的作用。

例如，为了增加肌肉而进行肌肉训练的人的体重并没有增加，是因为与他消耗的能量相比，他所摄取的能量太少。相反，想减肥却不见瘦的人就是摄取能量过多，而消耗能量过少。

营养素	含有该营养素较多的食物
碳水化合物	米饭、面包、面食、薯类等
蛋白质	肉类、鱼类、蛋、奶酪、大豆制品等
脂质	黄油、植物油、肉类的肥肉等
维生素	蔬菜、水果、肉类、肝脏等
矿物质	牛奶、乳制品、肉类、豆类、鱼虾类等

想要摄取能够提升肌肉训练效果的营养素，关键是要摄入含有能量源的三大营养素。

打造能够摄取充足蛋白质的 理想身体

确认PFC平衡

摄取的总能量占三大营养素的比率称为PFC平衡（P，Protein缩写，蛋白质；F，Fat缩写，脂质；C，Carbohydrate缩写，碳水化合物）。

一般饮食的PFC比例大约是15%：25%：60%。成年男性每天的能量摄取量为2000千卡，因此这三大元素的摄取量就是蛋白质300千卡（约80克）、脂质500千卡（约60克）、碳水化合物1200千卡（约300克）。

提高蛋白质的比例非常重要

要获得显著的肌肉训练效果，就要在饮食上、在PFC平衡中提高形成肌肉的蛋白质所占比重，这非常重要。

建议进行肌肉训练的人每天、每千克体重摄入1.5~2.0克蛋白质（如果是体重70千克的人，那么所需蛋白质为105~140克）。蛋白质的标准摄入量是每千克体重1.0克，因此进行肌肉训练的人必须大量摄入蛋白质。

另外，蛋白质摄入量增多，不仅能够增加肌肉量，还能够有效减肥。众多研究已经表明了高蛋白食物的减肥效果，"在能量摄取量相同的情况下，蛋白质所占比重高的身体较容易减少脂肪"。

另外，提高蛋白质的比重还能有效防止减肥造成的肌肉量减少。

摄取蛋白质时要防止脂肪摄入过多

在普通的饮食中，提高蛋白质摄入量并不容易。蛋白质含量高的食物大多是高脂肪食品。因此在通过饮食摄入蛋白质时，不仅会提升PFC比例中的P（蛋白质）的比重，同时还会造成身体脂肪的累积。

我们必须在饮食上努力做到控制脂质摄入量，同时提升蛋白质的摄入量。这里为大家介绍一些较容易实施的蛋白质摄取法，以供大家参考。

控制脂质、摄取蛋白质的诀窍

1 多食用鸡肉、鱼虾

鸡胸肉、鸡腿肉、鱼、贝、鱿鱼、章鱼、虾等海产品含有丰富的蛋白质，而且几乎不含脂质（也有部分类似银鳕鱼般脂质丰富的鱼类）。我们也可以食用鱼肉肠或鱿鱼干。但要注意的是，有些烹调方法，诸如油炸等，会增加脂质含量。

2 选择食用牛肉、猪肉的瘦肉部分

通常人们会认为猪肉、牛肉"脂肪很多"。但它们的瘦肉部分却几乎不含有脂质。猪牛肉的脂质都在肥肉部分。我们可以选择猪里脊肉，或者澳大利亚产牛肉，并且选择食用其中脂肪含量较少的瘦肉部分。

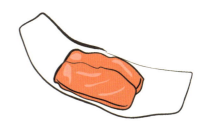

3 灵活利用营养补充剂

想要在不摄入脂肪的同时摄取蛋白质，使用营养补充剂会很方便，是摄取蛋白质最简单的方法之一。

4 选择乳制品中低脂肪或零脂肪的品种

通常的乳制品(牛奶、奶酪等)中含有丰富的脂质，我们可以选择低脂或零脂肪的乳制品，那么就能在不摄入脂质的同时摄入大量蛋白质。

利用脂质与碳水化合物控制身体脂肪

掌握减肥的关键，是掌握脂质与碳水化合物的摄取方法

蛋白质的摄入量对于打造肌肉而言至关重要。与此相反，脂质与碳水化合物则是控制身体脂肪量的重要营养素。

在人体摄取的总能量中，蛋白质所占比例通常为15%，而脂质与碳水化合物则分别为25%和60%，所占比重非常大。人体是胖是瘦，或者减肥能否成功，几乎都由我们摄取脂质与碳水化合物的方法决定。

限制食用可直接转化为身体脂肪的高脂肪食物

脂质在三大营养素中每克中所含的能量最多。脂质摄入过多，容易使身体脂肪含量增加，因此想要减肥的人一定要注意，当心摄取的脂肪会直接变成身体脂肪。

前文中我们也提到，可以有意识地选择低脂食品。虽然这种方法只是稍微改善了我们的饮食，但它也能有效控制脂质的摄入。因此想要减肥的人要尽量选择低脂食品。

不仅要确认脂肪的摄取量，还要确认脂肪酸的组成

脂肪是由甘油和脂肪酸构成的。脂肪酸在结构上又分为饱和脂肪酸和不饱和脂肪酸。

摄入脂质时，我们不仅要注意脂质的总量，还要留心摄入的脂质种类。

一般来说，饱和脂肪酸主要来自动物性食物，不饱和脂肪酸则主要来自鱼类以及植物性食物。饱和脂肪酸摄入过多就会引起生活习惯病，而不饱和脂肪酸则能够有效预防生活习惯病的出现。

尤其是不饱和脂肪酸中的$n-3$类物质更是人体不可或缺的必要脂肪酸。然而它却只能通过食物进行补充。鱼类中富含这一物质，因此我们要积极食用鱼类。

碳水化合物

在三大营养素中，碳水化合物是在能量总摄取量中所占比重最高的营养素。它也是维持、增加肌肉量必不可少的一项。碳水化合物摄入不足会导致肌肉被分解。相反，如果摄入量过多，则会引起肥胖。

在打造我们的身体时，碳水化合物亦敌亦友。下页中会为您介绍如何让碳水化合物对身体有益。

抑制脂肪摄入的3个要点

❶ 控制食用油炸食品
❷ 选择低脂调味汁、蛋黄酱等调味品
❸ 控制食用含有黄油、人造奶油、奶油馅的点心

第五次修订版日本食品标准成分表

食物	产品	蛋白质（克）	脂质（克）	碳水化合物（克）	能量（千卡）
牛肉、鸡肉	日本国产牛腱子肉 带肥膘 100克	17.3	22.3	0.3	286
	进口牛腱子肉 瘦肉 100克	20.4	4.6	0.1	130
	鸡胸肉（去皮）100克	24.4	1.9	0.0	121
鱼虾	金枪鱼瘦肉 生鱼片5片 48克	12.7	0.7	0.0	60
	枪乌贼 生鱼片5片 40克	7.2	0.5	0.1	35
牛奶	普通牛奶 300克	9.9	11.4	15.0	201
	脱脂牛奶 300克	9.9	0.3	14.0	99
油炸食品	煎鱼肉1块 90克	8.7	19.6	14.6	263
	炸肉饼1个 110克	10.3	22.3	24.0	339
点心	牛奶巧克力 1块 75克	0.5	25.6	41.9	419
	烤薄饼 1个 75克	5.2	2.0	44.2	213
营养补充剂	乳清蛋白 1匙 32克	26.0	2.0	4.0	130

※乳清蛋白以大企业生产产品为例。
※此表格来自文部科学省。文部科学省是日本中央政府行政机关之一，负责统筹日本国内教育、科学技术、学术、文化及体育等事务。

调节胰岛素的 分泌

控制血糖值与胰岛素的分泌

要想知道碳水化合物如何对身体有利,首先要了解血糖值与胰岛素的功能。胰岛素是能够将血液中的糖、脂肪酸、氨基酸等营养贮存在体内的激素。当人体摄取碳水化合物时,血糖值会上升,这时就会分泌胰岛素[※]。

例如,我们会通过饮食增加血液中的含糖量,而这些糖则会在胰岛素的作用下被细胞吸收,进而使血糖值下降。胰岛素会根据情况向肌肉或脂肪输送营养,因此它也是有着双刃剑之称的激素。如果想要在美体、减肥中取得成功,那么就要按照如下所述,对于碳水化合物的摄取量、种类,甚至于摄入时间等方面多多注意,这样才能控制好胰岛素的分泌。

不想增加身体脂肪,就不要一次性摄入过多碳水化合物。

1 摄取量 不要一次摄入过多碳水化合物

如果一次性摄入了过多的碳水化合物,导致它们不能完全被肌肉所利用,那么血糖值就会迅速上升,从而导致胰岛素大量分泌。分泌的胰岛素会将没能被利用的多余的糖运送给脂肪细胞,使它们形成赘肉。

但如果我们少量、多次地摄取适当的碳水化合物,那么就不会使其转化为大量的脂肪。

每次都吃到十分饱的人必须要注意:我们的用餐次数可以增多,但每次不要多吃。

2 种类 根据血糖指数调节胰岛素

不仅是碳水化合物的量,碳水化合物的种类也对控制血糖与胰岛素非常重要。碳水化合物主要分为两种类型。一种吸收快,血糖升高也快;而另一种吸收慢,血糖升高也慢。我们

※脂质与蛋白质的摄入也会促进胰岛素的分泌。

用血糖指数（GI值）表示血糖升高的数值。基本上，碳水化合物被吸收得越快，它的GI值就越高。

一般来说，像砂糖这样分子量小的甜味碳水化合物吸收得最快，因此它们的GI值就会偏高（参照下图）。这样的碳水化合物会强烈刺激胰岛素的分泌，因此即便是在相同的能量（热量）下，它们也是比较容易使人发胖的一种碳水化合物。

相反，米饭、面条等谷物的分子量较大，人体吸收它们需要一些时间，因此它们的GI值偏低。另外，由于吸收较慢，具有很好的饱腹感。进行减肥的人要在同样的碳水化合物中，尽量摄取GI值低的种类。

3 时间 睡前不宜摄入，清晨、运动后适宜摄入

我们在摄取碳水化合物时还要注意摄入时间。如果在能量消耗量减少的临睡前摄取了碳水化合物，那么它就很容易转化为身体脂肪。

清晨起床时，人体内的血糖值会因为空腹而降低，从而加快肌肉的分解。假如在此时摄取碳水化合物，它就能被有效利用。因此，我们要在早餐时多多摄取碳水化合物。

另外，进行肌肉训练等运动后，也是摄取碳水化合物的好时机。由于运动后身体内的糖出现枯竭，因此胰岛素会向肌肉输送更多的营养。这时分泌的胰岛素几乎不会用于合成脂肪，因此也可以在此时摄入一些平时会引起肥胖的GI值较高的碳水化合物。

如果在运动后不光补充蛋白质，还能同时补充高GI的碳水化合物，那么效果会更好。

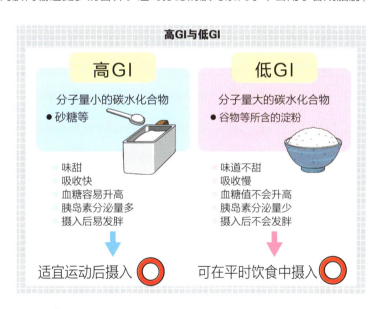

高GI与低GI

灵活补充营养

各有优点的营养补充剂

提到营养补充剂，大多数人都会觉得那是药物。但其实它们是提取出特定营养素制成的食品。作为营养补充食品，它们的作用是辅助补充营养。最基本的补充营养方法是在日常饮食中进行补充，所以有人认为没有必要使用营养补充剂，但如果能灵活掌握方法，就会发现它有胜过平日饮食补充的独特之处。

营养补充剂的好处

1 提取必需的特定营养素进行补给

营养补充剂最大的优点就是能够针对缺少的蛋白质、维生素、矿物质等特定营养素进行定向补充。进行肌肉训练时，最理想的状态是每日摄入100~150克（相当于每千克体重1.5~2.0克）蛋白质。但如果想要在饮食中摄取到这么多的蛋白质，就需要食用含有高脂质的高蛋白食物，这样就有可能会因摄入过多的脂质而导致脂肪的增加。

但是，如果我们使用营养补充剂，那么就能在不摄入脂质的同时补充蛋白质。另外，无论你有多么注意自己的饮食，要想全面彻底地摄入所有种类的维生素、矿物质等也是非常困难的。此时我们利用含有多种维生素、矿物质的营养补充剂就能轻松地为身体补充营养了。

2 消化吸收快

与普通的固态食品相比，营养补充剂的消化吸收速度更快，这也是它的另一个优点。尤其是从牛奶的乳清部分中提取出的乳清蛋白，是已经被分解过的。众所周知，在被分解过的蛋白质中摄取的氨基酸会被快速吸收。肌肉训练进行前后，为了促进肌肉的成长，我们需要迅速补充营养。因此，利用营养补充剂会比饮食更加有效。

3 携带方便

营养补充剂携带方便，随时随地都能为身体轻松补充营养。不管在室内、室外，还是任何进行体育运动或训练的场所。因而营养补充剂是最适合在运动前后快速补充营养的。

推荐肌肉训练者使用的营养补充剂

朊蛋白

提取出蛋白质（朊蛋白）的营养补充剂。分为乳清蛋白（牛奶乳清中的提取物）、酪蛋白（牛奶乳清以外部分的提取物）、大豆蛋白（大豆蛋白质中的提取物）等多个种类。它的消化吸收速度快，尤其推荐食用富含人体必需氨基酸中十分重要的BCAA（后述）的乳清蛋白。

吸收速度快的乳清蛋白适合在运动后摄入

BCAA

BCAA是支链氨基酸（Branched Chain Amino Acid）英文名的缩写。是指在九种特别重要的"必需氨基酸"中尤为重要的亮氨酸、异亮氨酸以及缬氨酸这三种氨基酸。BCAA不仅有促进肌肉合成的"控制作用"，在运动前或运动中摄入它们，还能有效地消除肌肉疲劳。

补充蛋白质的同时还有消除疲劳效果的BCAA

肌酸

肌酸是与高能量代谢相关的物质，除了能从肉类中提取外，还可以在体内合成。大量摄入肌酸后，它在体内的贮存量就会增加，从而使自身的肌力提升，或者延长进行高能量运动的时间。它对需要爆发力的竞技选手极为有效。

有效延长高能量运动时间的肌酸

复合维生素·矿物质

包含各种维生素、矿物质的综合营养补充剂。想要通过每天的饮食完整补充所有的维生素、矿物质非常困难，因此使用营养补充剂就是最为轻松的方法。

每种商品所含的维生素、矿物质的数量与种类各不相同，请在购买时仔细阅读产品说明。

一些有利于减肥的营养补给诀窍

有效利用无热量食品

市场上常看到标明"无糖""无热量"等字样的食品或饮料,这些无糖饮料由于使用了人工甜味剂,因此有和普通饮料相同的甜味,但是却几乎不含糖。这食品有助于控制饮食者消除压力,因此正在减肥的人可以积极利用它们。

每100毫升中含有5千卡的商品就会标注为"无热量"。事实上,在这样的商品中有的也含糖,但因为含量极少,所以不用太过在意。

比少量、高价的氨基酸更好的大量蛋白质

食用朊蛋白补充剂,通常一次可以摄取30克蛋白质,而氨基酸补充剂一次却只能摄取几克氨基酸,摄取量非常少,再加上氨基酸补充剂的价格较高,让大家误以为氨基酸只要摄入几克就够了。但是后者是完全没有道理的。

朊蛋白是氨基酸集合而成的高分子化合物,两者除了分子的大小不同之外并无本质差异。因此,10克蛋白质中含有10克氨基酸,在蛋白质的含量上来说,氨基酸与朊蛋白是完全相等的。如果想要摄入氨基酸作为组成"肌肉的材料",那么也就需要同样数量的朊蛋白。

由于氨基酸补充剂的价格较贵,因此为了增加肌肉量而打算摄入蛋白质补充剂时,选用便宜且蛋白质含量较大的朊蛋白是一个现实而明智的选择。

作为组建肌肉的材料,氨基酸会比朊蛋白吸收速度更快。乳清蛋白的吸收速度也与氨基酸接近。我们可以根据不同的情况进行灵活运用。

肌肉训练后，补充肌蛋白之前先补充糖分

摄入高GI的碳水化合物引起的胰岛素分泌是形成肥胖的原因。但在前文中我们也已经说过，如果是在运动过后摄入碳水化合物，那么它们则会成为合成肌肉与消除疲劳的"救世主"。这是因为运动过后，肌肉中的糖分出现枯竭，因此胰岛素不会向脂肪细胞运送营养，而是会向肌肉运送营养素。

因此，"高GI的甜食会发胖"这一概念对于运动过后而言是不准确的，不但如此，它还能帮助我们打造肌肉。

运动过后会促进胰岛素分泌，因此我们不仅要摄取肌蛋白，还要连同含糖的甜食一起摄入。但我们要避免食用脂肪含量过高的食物。建议大家食用果汁或甜点。

运动后通过喝牛奶摄取蛋白质是错误的

经常看到有人在运动后会喝加入了肌蛋白的牛奶。这是因为一般人都认为牛奶对身体好，还有就是在牛奶包装盒的营养成分上也写着含有蛋白质。

但是，如果在运动后将肌蛋白掺入牛奶中，那么蛋白质就不会很快被消化吸收。牛奶中所含的名为酪素的乳蛋白会在胃中成为凝胶状，这样就会降低营养素的吸收速度。如果是在牛奶中掺入原本吸收速度很快的乳清蛋白，那么乳清蛋白的吸收速度也会减慢。

但如果是在运动过后的其他时间，出于"缓慢而长时间的供给营养"考虑，将这些营养补充剂加入牛奶中饮用绝对是不错的选择。请大家根据摄入时间选择最适合的方法。

将肌蛋白掺入牛奶还是放入水中饮用，需要根据饮用时间决定

专栏

味觉与热量的关系

> 甜点是减肥的大忌?!

甜食=高热量的错误认识

通常甜食给人的印象是高热量、肥胖的根源。的确,蛋糕、巧克力等西式甜点确实热量高,食用过多就会引起肥胖。但西式甜点高热量的主要原因不是因为它的甜味,使它含有高热量的最大原因是其中的脂质含量高。

例如,100克甜味薄煎饼中含有344千卡热量,其中通过脂质获得的热量为126千卡(14克)。在同样100克的巧克力中含有557千卡热量。其中通过脂质获得的热量为306千卡(34克)。

甜味的日式点心热量低的原因

另一方面,虽然日式甜味点心给人感觉很甜,但是它却不含有那么多热量。"大福"(一种日式点心)这种点心中每100克所含的热量为235千卡,它比西式蛋糕的热量要少很多,而它仅含有0.5克(5千卡)脂质就是其热量较少的原因。

含有较多脂质的西式点心即便控制了甜味(糖质),它所含有的热量也不会减少。

与身体脂肪的累积和肥胖相关的其实是人体摄入的热量。进行减肥的人不要在意食品的味道,而要确认食物中所含热量以及可能会摄入的脂质的含量。

很甜的日式点心与西式点心相比是低热量食品

※热量、脂质等数据出自《食品成分表2011》

第6章

分级进行的肌肉训练计划

基本掌握各项目后,接下来最为重要的就是将它们编排成效果显著的训练表。这里以不同水平的训练计划为例进行介绍,以供参考。

按目的和环境分类
进行的肌肉训练计划

参照计划表实例，制订适合自己的训练计划表

本章根据训练目的、训练环境等为您介绍具体的肌肉训练计划。所有计划表都以第1章已经介绍过的项目为基础。

不过，这里所介绍的计划表终究只是一个样例。每个人进行肌肉训练的目的不同，体能水平也不尽相同，因此大家可以参考本章中的例子，编排适合自己的计划表。

根据训练环境应用不同的变化项目

第3章中介绍了器械训练项目、第4章则介绍了自由力量项目。这两章中介绍的都是大多数健身房中都有的项目。

但是，由于每个健身房中设置的器械以及器具的具体情况都会有所差异，因此，当你去的健身房中没有计划表中所列的训练器械或用具时，我们也可以利用针对同一部位的其他变化项目进行训练。

如果你去的健身房中没有提踵器械，那么你也可以使用器械深蹲作为代替，它同样可以锻炼小腿

自家篇 减肥训练计划

男女通用的训练计划

● 单次进行的训练项目清单

大腿前部 **臀部** **大腿内侧** 深蹲（自重）（→P40）3组

腹部 膝关节拉伸（→P34）3组

臀部 **下背部** **大腿后部** 背部伸展（→P47）3组

胸部 推举（→P32）3组

＋

有氧运动 30分钟（慢跑、步行）

※各项目的次数与负重都按照8~10次就使身体到达极限的负重（8~10RM）进行设定

肌肉训练后进行有氧运动

因为这里的训练目的是减肥，所以在训练计划中有肌肉训练和有氧运动。考虑到要进行有氧运动，因此在肌肉训练时才会选择针对大肌群的多关节项目，并在短时间内完成。

深蹲能够对下半身的大肌群进行整体锻炼，膝关节拉伸与背部伸展则能对躯干表层以及深层肌肉进行锻炼，推举可以对上半身进行锻炼。对训练的负重与次数，前文中已经进行了解说，可以利用8~10RM反复训练直至到达身体极限。如果现有负重能够让你轻松进行10次训练，那么你就要提高负重。如果即便这样还是能轻松完成10次以上，那么你就要做到极限次数为止。每个项目都要连续做2~3组。四个项目做完后仍然有余力的人，可以增加些自己喜欢的项目再进行训练。

有氧运动要在肌肉训练后进行。这样进行的有氧运动更加能使身体脂肪活化、燃烧。另外，有氧运动的强度以令自己感到舒适的疲劳为准。有氧运动项目上，可以按照自己的体力选择步行、慢跑或者骑脚踏车等。

● 训练计划样例

周一	周二	周三	周四	周五	周六	周日
肌肉训练	休息	肌肉训练	休息	肌肉训练	休息	休息

第6章 分级进行的肌肉训练计划

自家篇 提升肌肉力量的训练计划

针对男性的训练计划

| 大腿前部 | 臀部 | 大腿内侧 | 单脚深蹲（自重）（→P41）3组

| 臀部 | 大腿前部 | 弓步（→P42）2组

| 腹部 | 膝关节拉伸（→P34）3组

| 臀部 | 下背部 | 大腿后部 | 提举（→P44）3组

| 胸部 | 推举（→P32）3组

| 上背部 | 下拉（→P52）3组

※各项目的次数与负重都按照8~10次就能使身体到达极限的负重（8~10RM）进行设定

均衡锻炼躯干、上半身、下半身

以大肌群为中心，对全身进行均衡锻炼。开始的单脚深蹲与弓步用来锻炼大腿以及臀部等下半身的主要大肌群。膝关节拉伸和提举则能锻炼躯干表层和里层的肌肉，推举与下拉则能锻炼上半身表层与里层的肌肉。完成这些项目的训练后，身体的主要大肌群就基本得到了锻炼。

在训练的负重与次数上，这里也以8~10RM达到极限为标准。能够轻松进行10次以上训练的人可以添加弹力绳，利用弹力绳项目提高负重与强度。当进行自重训练项目时，也可以想办法增加负重。

另外，当你在增加了负重后依然能够进行10次以上的训练时，那么就请一直训练到极限次数为止。如果你在认真做了10次训练后还有余力时，肌肉训练效果就会不理想。

每个项目都要连续做2~3组，每组间歇1分钟。由于项目数量较少，因此可以在一次训练中完成所有的项目。每隔一天休息一次，以每周进行3次训练为基准。

●训练计划样例

周一	周二	周三	周四	周五	周六	周日
肌肉训练	休息	肌肉训练	休息	肌肉训练	休息	休息

针对女性的训练计划

● 单次进行的训练项目清单

[大腿前部] [臀部] [大腿内侧] 深蹲（自重）（→P40）3组

[臀部] 后踢（→P46）2组

[臀部] 外展（→P49）2组

[大腿内侧] 内收（→P48）2组

[腹部] 仰卧起坐（→P36）3组

[臀部] [下背部] [大腿后部] 背部伸展（→P47）3组

[胸部] 双膝着地俯卧撑（→P33）3组

[上背部] 下拉（→P52）3组

※各项目的次数与负重都按照8~10次就能使身体到达极限的负重（8~10RM）进行设定

与针对男性的项目相比负重减轻

这也是一份锻炼全身的训练计划表，由于女性的肌力不强，所以训练中的负重有所减轻。很多女性在做双膝与地面平行、只有下颚贴近地面的俯卧撑时会感觉困难，因此可以进行双膝着地等形式的俯卧撑，这样可以减轻负重。

在负重与次数上，女性与男性同样都以8~10RM达到极限为标准。能够轻松进行10次以上训练的人要增加负重。即便如此还是能够完成10次以上时，就要训练到极限次数为止。

每个项目都要连续做2~3组，每组间歇1分钟。由于项目数量较少，因此可以在一次训练中完成所有的项目。每隔一天休息一次，以每周进行3次训练为基准。

与针对男性的训练不同，女性训练中有很多针对臀部（背部伸展、外展）、大腿内侧（内收）等的训练。尤其是外展可以刺激上臀部（臀中肌），因此它对于提臀有着良好的效果。

● 训练计划样例

周一	周二	周三	周四	周五	周六	周日
肌肉训练	休息	肌肉训练	休息	肌肉训练	休息	休息

健身房篇（器械）减肥训练计划

男女通用的训练计划

●单次进行的训练项目清单

- [大腿前部] [臀部] [大腿内侧] 器械深蹲（→P72）3组
- [臀部] [下背部] [大腿后部] 背部伸展（→P80）3组
- [腹部] 腹部弯举（→P70）3组
- [胸部] 器械推胸（→P64）3组
- [上背部] 常规下拉（→P84）3组
- [肩部] 肩膀推举（→P88）3组

有氧运动 30分钟（跑步、步行等）

※各项目的次数与负重都按照8~10次就能使身体到达极限的负重（8~10RM）进行设定

精心挑选后进行的大肌群多关节项目

与自家篇中的减肥训练计划相同，这里在训练中加入了有氧运动。因为考虑到要进行有氧运动，所以才会在肌肉训练时选择能在短时间内完成的针对大肌群的多关节项目。如果时间充裕，也可进行针对手臂等小肌群的单关节训练项目。

器械深蹲能够锻炼臀部以及大腿等下半身的大肌群，背部伸展与腹部弯举则能锻炼躯干表层以及内层的肌肉，器械推胸、常规下拉以及肩膀推举能够锻炼肩膀周围的大肌肉群。

在负重与次数上，这里同样也以"8~10次达到极限"为基准，然后采用"做到10次后，下一次提升负重"的逐渐增负法，与提升肌力的训练计划相同。

有氧运动要在肌肉训练后进行。这样进行的有氧运动更加能使身体脂肪活化、燃烧。因此，请尽量在训练后进行有氧运动。因为在健身房里可以通过利用跑步机或训练用脚踏车在确定自己的能量消耗量的同时进行有氧运动，因此你可以选择自己喜欢的有氧运动器械，在令自己感觉到舒适的疲劳程度下多多流汗吧。

●训练计划样例

周一	周二	周三	周四	周五	周六	周日
肌肉训练	休息	肌肉训练	休息	肌肉训练	休息	休息

健身房篇（器械）提升肌肉力量的训练计划

男女通用的训练计划

●单次进行的训练项目清单（分为A、B组合）

A组合（下半身、躯干）
- [大腿前部] [臀部] [大腿内侧] 器械深蹲（→P72）3组
- [大腿前部] 腿部伸展（→P74）2组
- [大腿后部] 腿部弯举（→P76）2组
- [腿肚] 提踵（→P82）3组
- [臀部] [下背部] [大腿后部] 背部伸展（→P80）3组
- [腹部] 腹部弯举（→P70）3组

B组合（上半身）
- [胸部] 器械推胸（→P64）3组
- [胸部] 器械扩胸（→P66）3组
- [上背部] 常规下拉（→P84）3组
- [肩部] 肩膀推举（→P88）3组
- [手臂] 手臂弯举（→P92）2组
- [手臂] 下压（→P93）2组

※各项目的次数与负重都按照8~10次就能使身体到达极限的负重（8~10RM）进行设定

分别对全身肌肉进行全面锻炼

定期去健身房的人可以尽量将全身各个部位的肌肉分开进行训练。

与一天内集中训练全身肌肉相比，分部位进行的肌肉训练更会获得令人满意的效果，而且这样也不用勉强去进行全身训练。原则上要优先锻炼大肌群的多关节训练项目，在分开进行训练时，由于时间与体力充裕，也可以增加一些单关节项目或小肌群项目。但深蹲、推胸等多关节项目要在训练的前半部分进行，腿部伸展、扩胸等单关节项目要在后半段进行。

负重与次数以"8~10RM达到极限"为基准。可以采用"10次完成后，接下来逐步提升负重"（增负法）的形式。像这样定好标准次数后，我们的运动热情也会随之提升。各项目开始时选择较轻的负重，负重提升后再着重进行2~3组，2组后会感到稍许疲劳，因此可以将负重降为稍轻于第1组的重量。适应后，在各组的后半部分进行强化训练会获得更好的效果。

●训练计划样例

周一	周二	周三	周四	周五	周六	周日
A组合	B组合	休息	A组合	休息	B组合	休息

第6章 分级进行的肌肉训练计划

健身房篇 提升肌肉力量的训练计划 ▶ 初级学员适用

男女通用的训练计划

●单次进行的训练项目清单

| 大腿内侧 | 下背部 | 臀部 | 大腿前部 | 杠铃深蹲（→P110）3组

| 大腿后部 | 下背部 | 臀部 | 杠铃提举（→P116）3组

| 腹部 | 斜卧起坐（背部伸展）（→P104）3组

| 胸部 | 杠铃卧推（→P96）3组

| 上背部 | 常规下拉（→P84）3组

| 肩部 | 肩膀推举（→P88）3组

※各项目的次数与负重都按照8~10次就能使身体到达极限的负重（8~10RM）进行设定

以重要的大肌群多关节项目为中心

在为数众多的自由重量项目中，大肌群的多关节项目最为重要。这里进行的就是以这一部分为中心的训练。但在进行提举时，无论你多注意姿势都有可能会损伤腰部，因此有腰痛，或者腰部容易受伤的人可以替换成背部伸展训练。

另外，对于初学者来说，利用自身体重作为负重的引体向上可能会有些负重过大，因此可以替换为常规下拉。当肌肉变得结实后，再换为引体向上。

负重与次数还是以8~10RM使达到极限为准。最好能够利用逐渐增负法增加负重，但要注意姿势正确。在强化训练外，尽量不要在强制助力之外使用犯规动作。

各个项目都以较轻的负重开始，负重逐渐提升后再连续进行3组。在第2组训练结束时会感到稍许疲劳，因此可以将负重降为稍轻于第1组的重量。适应后，在各组的后半部分进行强化训练会获得更好的效果。

●训练计划样例

周一	周二	周三	周四	周五	周六	周日
肌肉训练	休息	肌肉训练	休息	肌肉训练	休息	休息

健身房篇 塑造上半身的身体塑形计划

男女通用的训练计划

●单次进行的训练项目清单（分为A、B组合）

A组合
（胸、肩、肱三头肌）

- 胸部　杠铃卧推（→P96）5组
- 胸部　哑铃仰卧飞鸟（→P102）2组
- 肩部　肩膀推举（→P88）3组
- 肩部　侧平举（→P131）3组
- 肩部　变相提举（→P132）2组
- 手臂　卧式三头肌伸展（→P138）3组

B组合
（上背部、肱二头肌、腹部）

- 上背部　引体向上（→P126）5组
- 上背部　俯身划船（→P122）3组
- 肩上部　耸肩（→P130）3组
- 手臂　杠铃弯举（→P134）3组
- 手臂　牧师凳弯举（→P137）2组
- 腹深部　腹部　斜卧起坐（→P104）3组

※各项目的次数与负重都按照8~10次就能使身体到达极限的负重（8~10RM）进行设定

分部分对上半身进行全面锻炼

只将上半身的项目按部位进行分割，对上半身进行全面训练的计划。这里不推荐对上半身进行不均衡的训练。这一部分需要训练的项目很多，因此在训练计划中举例介绍。

项目分开进行后，由于时间与体力都变得充裕，因此可以增加主要多关节项目的训练组数。进行5组训练后，训练强度就会大增，肌肥大效果也会增大。训练计划中也有很多单关节项目，因此可以毫无遗漏地锻炼上半身。尤其是，计划中将三角肌分为前、中、后三个部分，因此各部分都能得到锻炼。训练时先进行多关节项目，然后再进行单关节项目。注意每个部分每周锻炼2次。

负重与次数也以8~10RM达到极限为准。在完成5组主要项目的训练时，一般会在前半段（负重提升后）采用高负重低次数的训练，而后半段则利用较轻的负重进行强化的金字塔法。整体训练上要利用渐增负重法，随着肌肉的成长逐渐提升负重量。

●训练计划样例

周一	周二	周三	周四	周五	周六	周日
肌肉训练	休息	肌肉训练	休息	肌肉训练	休息	休息

第6章 分级进行的肌肉训练计划

健身房篇 提升肌肉力量的训练计划
▶中高级学员适用

男女通用的训练计划

●单次进行的训练项目清单（分为A~D组合）

A组合　腿部　臀部
B组合　深蹲X5、弓步X5、腿部伸展X3、直膝提举X3、腿部弯举X3、提踵X3

　　　　胸部　腹部　肱三头肌
C组合　卧推X5、倾斜卧推X3、滑轮夹胸X2、卧式三头肌伸展X3、提腿X3

　　　　后背　肱二头肌
D组合　引体向上X5、坐姿滑轮划船X3、提举（背部伸展）X3、杠铃弯举X3

　　　　肩部　斜方肌　颈部
　　　　后推举X5、侧平举X3、后平举X3、耸肩X3、前后架桥X2

※各项目的次数与负重都按照8~10次就能使身体到达极限的负重（8~10RM）进行设定

全身分部位进行的细化项目

　　习惯了肌肉训练后，可以将训练部位再次细化。将训练部位分为3~4处，以5天或6天为一个轮换周期。由于训练次数较少，因此可以对每个训练部位进行多个项目的训练，对其进行彻底强化。如果在这一基础上再稍微增加些项目，就与塑身进行的项目十分接近了。

　　负重、次数以及训练组数等与其他计划相同。注意训练姿势正确，除了进行强制助力外，要尽量避免使用犯规动作。中高级训练者可以在后半段的训练组中利用强制助力进行强化训练。

　　另外，随着肌肉训练的深入，你也能发现自身肌肉不够发达的地方。可以增加这些部位的训练组数、项目数等对其进行强化。

　　在训练经验丰富后，大家就可以编排适合自己的训练计划了。一边思考如何让自己获得成长，一边努力进行训练，这才能习得肌肉训练的真髓。请大家在不断尝试的同时享受训练的乐趣。

●训练计划样例

周一	周二	周三	周四	周五	周六	周日
A组合	B组合	休息	C组合	D组合	休息	休息

健身房篇 塑造上半身的身体塑形计划

男女通用的训练计划

● 单次进行的训练项目清单（分为A、B组合）

A组合
（下半身、躯干）

[臀部] [腿部]

深蹲X3、大幅深蹲X2、提举（背部伸展）X3、保加利亚深蹲（单脚提举）X3、提踵X3、侧屈X3、侧卧起坐X3

B组合
（上半身、躯干）

[腿部] [背部] [肱二头肌]

卧推X3、引体向上X3、肩膀推举X3、耸肩X3、前后架桥X2、斜卧起坐X3、仰卧起坐X3

※各项目的次数与负重都按照8~10次就能使身体到达极限的负重（8~10RM）进行设定

以躯干部分为中心进行的全身训练

运动员更要注意进行完整的全身训练。很多体育运动中的动作都需要全身配合，因此，认为"肌肉训练只是卧推"的片面训练计划是不能帮助提升竞技力的。同时也要对背部、下半身等不起眼的部位多多给予关注，做到全面的锻炼。与塑形训练相比，这个计划中针对腹肌、背肌、腹斜肌等躯干部位的项目居多。

负重、次数及训练组数、动作上的注意事项与其他训练计划相同。在肌肉训练与竞技练习同一天进行时，要先进行竞技练习。技巧方面的练习最好在体力充沛时进行，这样才能效果显著。肌肉训练要与进行竞技练习的时间保持均衡，最好每个部位每周锻炼2次。

这里是以利用全身肌肉进行的一般竞技项目为例对训练计划进行的介绍。当然，由于每个人的训练项目以及训练部位的不同，训练中的重点部位以及所需体力也会有所不同。训练计划不过是一份参考，请结合团队、结合自身的实际情况制订计划。

● 训练计划样例

周一	周二	周三	周四	周五	周六	周日
A组合	B组合	休息	A组合	B组合	休息	休息

专栏

在你的训练中加入单腿训练项目吧

如果想要提升竞技能力

深蹲与弓步是相似却不同的训练项目

所有运动都把对下半身的强化当作提升竞技能力的一个要素。在下半身训练项目中最具代表性的深蹲与弓步都是能够锻炼股关节与膝关节的伸展肌的训练。因此有很多人认为，这两个项目只有训练时用两腿或用单腿的不同，大体效果是一样的。其实，深蹲与弓步的区别不在于训练姿势，而是它们实际针对的肌肉部位有着极大的不同。

双腿进行深蹲时通常要臀部分开才能进行，因此股关节就会在内侧收紧的同时伸展（伴随内收的伸展）。而单腿踏出的弓步会在前脚稍微外踢的同时伸展股关节（伴随外展、外旋的伸展）。

所以，深蹲时主要使用的是股关节伸展肌群中也有内收作用的部位。在做完深蹲项目的第二天，臀大肌下方、内转肌后方等会出现肌肉痛，因为这些地方就是具有拉伸与内收作用的部位。相反，臀大肌中央到臀大肌上部的肌肉具有在伸展时外展、外旋的作用，因此在深蹲时不会被用到。而在做外踢的弓步训练时，上臀部这个部位的肌肉就会得到直接锻炼。

运动中包含有跑跳动作、变换方向后返回的动作以及投球、打球等很多需要利用单脚外踢的动作。

要强化这些动作，就要努力锻炼上臀部。如果想要提升竞技能力，不仅要进行双腿深蹲，还要进行弓步、保加利亚深蹲，单脚提举等单腿进行的项目。

单脚提举能够强化在众多动作中都极为重要的上臀部肌肉

第 7 章

肌肉训练 Q&A

在有关肌肉训练的情报中，人们对很多内容都是有大概的印象，但是却并不清楚它的具体含义。本章针对在肌肉训练中出现的一些常见问题进行解答。

 # 核心肌肉在哪里

一般指躯干周围的肌肉群，有很多定义

最近几年，我们经常能够听到核心肌肉一词。但实际上，并没有明确的定义指出它具体在身体的哪一部分。一般来说，这个词大多有4种意义。

第一个定义是"带动脊柱运动的腹肌、背肌等肌肉群"。也可以说它是"与脊柱活动有关的腹直肌、竖脊肌等肌肉群"。这些肌肉会在运动时起到固定躯干的作用，在进行大动作时会带动躯干进行运动，提升运动性。

第二个定义是"提高腹腔内压、固定躯干的肌肉群"。有人也会把提升腹部压力（腹腔内压）的腹横肌、横膈膜等肌肉群称为"核心肌肉"。它们是像固定器一样紧裹在腹部周围的肌肉群。这些肌肉群不能主动带动脊柱运动，但却能够通过提高腹腔内压，保持腹部隆起，从而对脊柱产生支撑的作用，并从身体内部辅助腹肌、背肌。

第三个定义是"内层肌肉"。位于身体深层的内层肌肉有时也被称为核心肌肉。

第四个定义是"肩胛骨、股关节周边的肌肉群"。这是指与作为上肢根源的肩胛骨的活动相关的肌肉群，以及与作为下肢根源的股关节的活动相关的骨盆附近的肌肉群。

第一个和第二个经常会被使用，因此只要记住"核心肌肉就是使躯干（脊柱）部分活动或者固定这一部分的肌肉群"就可以了。

什么是核心训练

培养躯干稳固感的学习性训练

随着核心肌肉一词的扩展，固定躯干的核心训练一词也开始流行起来。

但是，使用这个词后却容易给人一种模糊的印象，感觉这种训练会"打造出僵直的躯干"。

如果要对核心训练下定义，那么就是"对腹肌、腹横肌等施压，培养躯干稳固感的学习性训练"。不过在深蹲等一般的肌肉训练中也含有这一效果。进行肌肉训练的人同时进行核心训练能够获得多大的相承效果尚未可知。

另外，核心训练提升躯干部分肌力的效果绝不显著。因为它所施加的负重很小，所以如果你不是肌力十分微弱的人，那就不要期待用此方法能让你的肌力获得飞跃性的提升。

提升躯干部分的肌力时，利用加大负重的普通肌肉训练就能获得最佳效果。在学习稳固躯干这方面，进行核心训练是非常有效的，但只靠它却不足以打造出强健的躯干。

强大的肌力是打造强健躯干的基础，而这种肌力一般要通过肌肉训练来提升。我们应该把可以让躯干部分变得更加灵活的核心训练吸收进来，并利用它使我们的训练升级。

瑜伽练习也是具有代表性的核心训练之一

 # 平衡训练有什么效果

提升维持平衡所必需的技能

　　有人使用平衡球、平衡板在不稳定的状态下进行训练。这种在不稳定状态下进行的训练，相比增强肌力等对体能要求进行的锻炼，它更注重的是提升保持平衡的技能。有报告表明，通过使用平衡训练器具，人在其上的站立保持时间得到了提高（Yaggie，2006），因此这一效果在一定程度上是可信的。

　　但它却不能在体育竞技能力上为我们带来希望的结果。Yaggie的实验测定的结果是人在器具上保持平衡的时间得到了提升，而这并不代表在实际动作上人的平衡力的提升。

　　有人认为在不稳定状态下进行的训练不仅能够锻炼平衡能力，还"能够锻炼使躯干保持稳定相关的肌肉"，但其效果并不值得期待。

　　想要对腹直肌、腹横肌等躯干肌群进行有效锻炼，必须要像锻炼其他肌群一样对其施加强大的负重。由于在不稳定的状态下，我们只能对躯干施加较小的负重，因此躯干肌群的活动也会减少。只有在稳定的状态下对肌肉施加高强度的重量，肌肉的活动量才会增大。

　　与核心训练相同，平衡训练也是先行给人一种极为有效的感觉。如果想要实际实施，那么首先你要明确自己的训练目的。

深层肌肉在哪里

身体中的深层肌肉

　　深层肌肉是指位于身体深层的肌肉。肩膀周围的肌腱套就是其代表。同样，位于身体表层的肌肉称为表层肌肉。表层肌肉的作用主要是带动关节活动，而深层肌肉则是起到防止关节错位的作用。

　　表层肌肉与深层肌肉的不同作用主要是两者附着在骨骼的不同位置上造成的。深层肌肉大多位于关节的旋转轴附近，因此它具有引导牵制骨骼、使轴关节安定的作用。但是它却不能带动关节活动。而表层肌肉附着在距离关节旋转处较远的地方，因此对于关节的活动发挥了重要作用。

　　以上对于肌肉的称呼已经包含了机能上的意义。但它们原本只是表明肌肉位置的词语。如果按照机能来分的话，肌肉应该叫作稳定肌（稳定关节）和活动肌（活动关节）。

　　肌腱套承担着稳定关节的作用，所以被定义为"深层肌肉"。但它其中的冈下肌则是能在身体表面看到的表层肌肉。另外，由于腹部深处的胯腰肌位于深层，因此可被定义为是稳定肌，但是在功能上它又是活动肌，与臀大肌等分类相同。

最近几年，棒球投球手们开始重视肩膀部位深层肌肉的锻炼了

 拉伸训练的效果是什么

使肌肉纵向柔软，可扩大关节活动区域

肌肉训练前后要进行拉伸，这是大家都知道的，但是很少有人知道拉伸效果的由来。

拉伸指纵向牵拉肌纤维使其伸长的行为。很多人的感觉是它也能拉伸肌腱，但与肌纤维串联的肌腱并不会被拉伸。

拉伸训练最大的效果就是使肌肉纵向变得柔软，这样就会使关节的活动区域增大（可动域增加）。

拉伸能使肌肉柔软性上升的原因有两方面：一是在肌肉被拉伸时，对于缩小反射（伸张反射）的感应度就会降低；二是它让筋膜等结缔组织发生了材质上的软化。

对于肌肉训练爱好者而言，利用拉伸训练使肌肉柔软大有益处。持续进行肌肉训练后，随着肌力的提升，结缔组织就会变硬，这样关节的可动域就会变小。但如果结合拉伸训练一起进行，那样就能在维持或扩大可动域的同时使肌力获得提升。

另外，拉伸运动也有缓解肌肉紧张的作用。肌肉训练后极其容易产生肌肉紧张，而此时进行拉伸训练就能使肌肉松弛，进而减轻疲劳。

但如果拉伸训练强度过大，就会造成肌力的暂时性下降。如果在肌肉训练前过度拉伸肌肉，就有可能导致使用重量降低。因此要注意，拉伸训练不要过度。

怎样做好热身运动与整理运动

热身运动既能为肌肉升温，也能练习动作。整理运动缓解肌肉紧张

　　肌肉训练前后会进行热身运动与整理运动。很多人都是无所谓地做着这些运动，但是如果你了解了它们的用途，你的运动就会变得更加有效。

　　肌肉训练前的热身运动一般有"轻微有氧运动""实际进行轻微肌肉训练"中的一个或两个作用。

　　"轻微有氧运动"的目的是提高肌肉温度，改善代谢环境。体温增高会使血流增加，这样就能更加有效地向肌肉输送能量源或氧元素。另外，肌肉温度升高也会有效改善血液中的氧气运送效率。

　　"实际进行轻微肌肉训练"的意义是对肌肉的使用方法或用力方法等肌肉训练动作进行练习。通常认为金字塔法也有这样的意义。

　　肌肉训练后的整理运动是通过有氧运动进行的拉伸训练。肌肉训练后，肌肉会无意识地进行收缩，进而出现僵硬。而拉伸运动能够使肌肉松弛，因此它能够缓解肌肉训练后出现的肌肉僵硬。

　　如果拉伸训练过度，就会引起暂时性的肌力下降。但如果是在整理运动中进行拉伸就不会出现问题。因此，拉伸训练最好在整理运动中进行。

你想添置什么辅助训练用具

皮带、紧固带（力量控制带）、增重皮带

皮带

预防腰痛的必需品

　　能够勒紧腹部，辅助腹腔内压上升。通常是为了预防腰痛而使用的用具。在进行深蹲等给予躯干强大负重的训练项目时，躯干会因为与躯干动作有关的肌肉（竖脊肌等）和腹腔内压上升而被固定。皮带有利于提高腹腔内压，有着减轻竖脊肌受到的负重与脊柱剪切力的作用。

　　要让皮带发挥作用，就必须要绑紧皮带。要点是要在收腹时扎紧皮带。还要注意皮带要微微倾斜着勒紧。因为骨盆是前低后高的，因此，如果水平勒紧皮带，就会因碰到骨头而感到疼痛。还有，在购买皮带时，为了提高它对腹腔的增压效果，要尽量选择宽皮带。

　　如果发现皮带绑不紧，可以把皮带的一头缠在柱子上，然后利用体重将其绑紧。身体后倾，倾斜绑紧腰带。注意一定要绑紧到想要马上摘掉的程度。这是最重要的。如果在肌肉训练后，你的皮带还能绑紧，那么你的皮带有可能紧度不够，因而皮带发挥的作用可能会减弱

黑色皮带

条状紧固带

力量控制带

紧固带（力量控制带）

辅助握杆

紧固带可以缠在杠铃杆或器械杆上，是辅助握力的工具。力量控制带比紧固带更加好用，它的使用目的可看作与紧固皮带相同。不依靠力量控制带锻炼握力并没有错，但使用力量控制带却有很多好处。如在提举或耸肩等握力限制了使用重量的项目中使用力量控制带，就能获得更好的强化效果。在常规下拉等上背部的项目中大多需要手腕用力，而通过使用紧固皮带就能强化手或手臂的力量，这样就能更容易集中精力在背部。

增重皮带（力量辅助皮带）

适合自身体重不足的人使用

在皮带上添加杠铃片增大负重时使用的用具。利用自身体重能够进行10次以上引体向上等项目的人可以灵活运用它。

带环扣手腕固定带

手腕固定带

固定手腕的辅助用具

进行卧推等使用较大重量的负重项目时，用于固定手腕以避免受伤。使用时一定要紧紧缠牢。

对于能做20~30次引体向上的人来说，增重皮带是非常有效的用具

第7章 肌肉训练Q&A

181

后 记

　　肌肉训练与其他方法相比最大的优点就是肌肉量与肌力的提升效果显著，并能在最短时间内获得进步。近几年总能看到"轻松XX""只要XX就能减肥"等，以简单为卖点的宣传。在效果上来说，它们远不及自始至终利用大重量进行训练的肌肉训练。而利用最小的劳动力与时间获得最大效果的肌肉训练实际上一直都是"轻松"的运动。肌肉训练的运动本质就是要让身体发生显著的变化。

　　然而，世界上也有很多虽然热衷于肌肉训练，但是并没有见到效果的人。为了引发出肌肉训练所拥有的真正效果，我们必须合理安排训练项目，以正确的姿势进行训练。然而很多人在这些方面缺少认识，一直在用只会让人感到疲劳却不见效果的方法进行训练。我本身就对健身房中出现的这种现象深有体会。

　　比起运动本身，肌肉训练获得的乐趣主要还是来自于切身感受到自我身体的改善与成长。希望大家能够更多地进行有效的肌肉训练，并在感受到身体变化的乐趣时喜欢上肌肉训练。为此，大家需要一本能够总结出肌肉训练要点的书。正是出于这种想法，我才写了本书。希望本书能为读者们带去有效而快乐的训练。这就是我身为作者的荣幸。

荒川裕志

《肌肉训练完全图解》将肌肉训练项目按部位分为在家训练篇、健身房器械篇和健身房自由力量篇。将健身的基础训练方法、训练要点以及更有效的应用技巧进行详细和理论性的总结。还有饮食与营养的指导和按目的和环境分类进行的肌肉训练计划，内容全面，项目数量多，很多技巧连健身教练都没有掌握，可以称得上是肌肉训练的宝典。

图书在版编目（CIP）数据

肌肉训练完全图解/【日】荒川裕志著；胡静译.
北京：化学工业出版社，2016.4（2024.3重印）
ISBN 978-7-122-26425-1

Ⅰ. ①肌⋯ Ⅱ. ①荒⋯ ②胡⋯ Ⅲ. ①肌肉-力量训练 Ⅳ. ①G808.14

中国版本图书馆CIP数据核字（2016）第042931号

KIKU KIN-TORE KIKANAI KIN-TORE
Copyright © Hiroshi ARAKAWA 2011 All rights reserved.
Original Japanese edition published by PHP Institute,Inc.
This Simplified Chinese edition published by arrangement with PHP Institute,Inc.,Tokyo in care of Tuttle-Mori Agency,Inc.,Tokyo
through Beijing Kareka Consultation Center,Beijing

本书中文简体字版由PHP Institute,Inc. 授权化学工业出版社独家出版发行。未经许可，不得以任何方式复制或抄袭本书的任何部分，违者必究。
北京市版权局著作权合同登记号：01-2016-0948

责任编辑：马冰初　　　　　　　　　装帧设计：北京八度出版服务机构
责任校对：战河红

出版发行：化学工业出版社（北京市东城区青年湖南街13号　邮政编码100011）
印　　装：北京瑞禾彩色印刷有限公司
710mm×1000mm　1/16　印张12　字数260千字　2024年3月北京第1版第8次印刷

购书咨询：010-64518888　　　　　　　售后服务：010-64518899
网　　址：http://www.cip.com.cn
凡购买本书，如有缺损质量问题，本社销售中心负责调换。

定　价：49.80元　　　　　　　　　　　　　　　　　　　版权所有　违者必究